生活因阅读而精彩

生活因阅读而精彩

带队伍

领导三件事 I

陶 波 ◎ 著

中国华侨出版社

图书在版编目(CIP)数据

领导三件事.1,带队伍/陶波著.—北京：中国华侨出版社,2013.11

ISBN 978-7-5113-4252-2

Ⅰ.①带… Ⅱ.①陶… Ⅲ.①领导学-通俗读物 Ⅳ.①C933-49

中国版本图书馆 CIP 数据核字(2013)第268929号

领导三件事(一)：带队伍

著　　者 /	陶　波
责任编辑 /	若　溪
责任校对 /	李向荣
经　　销 /	新华书店
开　　本 /	787毫米×1092毫米　1/16　印张/18　字数/209千字
印　　刷 /	北京建泰印刷有限公司
版　　次 /	2013年12月第1版　2013年12月第1次印刷
书　　号 /	ISBN 978-7-5113-4252-2
定　　价 /	33.80元

中国华侨出版社　北京市朝阳区静安里26号通成达大厦3层　邮编:100028

法律顾问:陈鹰律师事务所

编辑部:(010)64443056　　64443979

发行部:(010)64443051　　传真:(010)64439708

网址:www.oveaschin.com

E-mail:oveaschin@sina.com

前言
QIANYAN

对于一个企业员工的组成来说，除了极少数位于金字塔顶端的决策者及处于金字塔底部的大量基层员工外，最重要的便是位于中间阶层的承担上情下达重要角色的领导者。要想成领导者中的一员，就需要先修炼出作为领导者必备的能力及素质，这样，才能在企业人才的选拔中脱颖而出，成为一名合格的领导者。

如果你已经成为一名领导者，那么你需要对照本书，看看是否还缺乏必要的管理能力或领导魅力，结合你在工作中遇到的实际问题，对号入座，找出自己尚需要修炼的能力和素质，以提升自己的人格魅力，带出一支优秀、强大的队伍，从而能够在事业上再登一座高峰。

领导者不仅在一个团队中充当着核心的角色，同时还能够通过言行指引团队出色地完成任务，起着领头羊的作用。从人格上来看，是一种难能可贵的人格魅力；从企业角度上来看，这是一种领导能力的体现。在某种程度上，"领导气质"也可以被认为是人格魅力的一部分，而这魅力是一种无形中能影响他人的力量，这是卓越领导者身上具备的特质。

这种人格魅力，说穿了就是领导者的性格，领导者要有驾驭团队成员的能力，包括高瞻远瞩的眼光、运筹帷幄的谋略、处变不惊的从容、审时度势的执行、敢作敢当的气度、海纳百川的宽容以及信守信用的诚意。具备了以上性格，恭喜你，你性格修炼学的第一步已经大功告成，接下来，你需要继续修炼自己的管理能力。

管理能力的修炼是一个漫长的过程，你需要打造出一个使员工亲而敬之的威信、有着知人善任的眼光、科学授权的方式、倾听沟通的态度、鼓舞士气的方法、善于借鉴的能力以及和谐共赢的平衡之术的优秀"队长"形象。当"队长"形象深入人心的时候，许多优秀的员工就会慕名而来成为你的优秀的队员之一了。

本书主要针对"带队伍"这个问题进行了全面详细的分析和阐述，旨在培养领导者修炼带出优秀团队必备的能力，全书分为上、下篇，分别阐述了在工作中，领导者应该修炼的性格魅力及管理能力，引用哈佛培养将帅型人才的方法，穿插大量事例，以实战的方式为领导者提供确切的操作思路及方法。通过本书的学习，能帮助你修炼领导者必备的性格魅力，成为企业中不可或缺的中流砥柱。

带出一支优秀的强大团队，是每个领导者的最大心愿。如何带出优秀团队取决于多方面的因素，但是最为关键的，在于带队伍的那个"队长"的个人魅力和管理能力。如果你想要成为一名优秀的"队长"，想让员工慕名而追随来，那么，跟着本书，开始自己的修炼之旅吧。

目录 CONTENTS

上篇　修炼个人魅力，打造优秀队伍
——中层管理者的人格魅力修炼学

第①讲
欲上一层楼，先穷千里目
——管理者看得远才能走得长

俗话说得好：千军易得，一将难求。作为一名将帅型人才，最重要的品质就是有敏锐的眼光，能够发现别人所不能发现的那些机遇，有高瞻远瞩、洞察秋毫的能力。一名成功的领导者，应善于审时度势，把握机遇，从时间、战略和全局上考虑和分析问题。

002 / 卓越的领导需要卓尔不群的眼光

007 / 善计划者方可大成

011 / 下定决心，就已经成功了一半

第②讲
欲览众山小，先要凌绝顶
——管理者有胆识才能成大事

胆识就是需要力排众议的时候，就不会瞻前顾后；胆识就是发现百年难得一遇的机会的时候，就不会犹豫不决；胆识就是对已经不能再用的人，不会一再容忍；胆识就是果断处置当下的时候，就不会畏首畏尾。

014 / 起手无回，以胆识成就明天

017 / 用意志力架起胆识的天梯

022 / 置之死地，才能后生

025 / 以胆识造英雄

第❸讲

欲决胜千里，先运筹帷幄
——管理者懂谋略才能战必胜

在这个瞬息万变的社会，领导者尤其需要具备敏锐的洞察力，做到审时度势、预见未来，这样才能跟上时代的步伐和未来的发展要求。只有那些具备预见能力的领导者，才更容易对事物的形势和发展趋势做出正确预测，并且适时地抓住机遇，做出科学的决策。

030 / 审时度势，谋定后动

033 / 分清轻重缓急，避免本末倒置

036 / 细节决定成败，成败决定英雄

042 / 用目标为团队设立前行的灯塔

第❹讲

欲闲庭信步，先处变不惊
——管理者知从容才能渡危机

每个企业在发展过程中，都难免会遭遇或大或小的危机。在这种时候，如果领导者如临大敌，强敌未到，自己先乱了阵脚，那么企业很可能就会在危机中烟消云散。作为一个成功的将帅，必须做到"心有惊雷而面如平湖"，才能带领企业渡过危机。

046 / 遇事沉着，处变不惊

050 / 温和从容，遇惊不乱

054 / 临危不乱，从容应变

第❺讲

欲长风破浪，先悬挂云帆
——管理者敢担当才能有作为

作为将帅型人才，有责任心的一个重要表现就是：赢得起，也输得起。也就是说，取得了成绩不自满，不张扬；出了问题，不逃避，不推卸；有了失误，敢于承认，勇于承担。要想让自己的管理生涯前途无阻，领导者必须诚实地面对自己的责任，敢于担当过错。

058 / 敢于担当，绝不推卸责任

063 / 学会为部下撑起"保护伞"

067 / 拒做上传下达的"传声筒"

第❻讲

欲展鸿鹄志，先学审时度势
——管理者抓机遇才能促成功

很多时候，机遇一晃而过，如果不马上抓住，就会轻易地失去，对于个人和团队来讲都是损失。所以说，果断是一个将帅、一个团队成功的必备要素。真正优秀的将帅型人才，往往能够在机遇到来的时候，果断抓住，从而带领他的团队先人一步获得成功。

070 / 学会审时度势，抢抓机遇

076 / 等待时机，一鸣惊人

081 / 成功来自高效的执行力

第7讲

欲纳百川流，先使心似海
——管理者知宽容才能成大业

"人非圣贤，孰能无过"，当下属在工作中出现过失和失误时，管理者要有容人的度量，要做到"贤而能下，刚而能忍"。只有领导者具备海纳百川的胸怀，才能带出一个极具战斗力和凝聚力的团队，才能带领团队披荆斩棘，不畏风雨，攀上成功的巅峰。

087 / 海纳百川，有容乃大

090 / 能容人之过，才能成己之美

094 / 用宽容调和方与圆的矛盾

097 / 勇于认错，为自己的错误埋单

第8讲

欲正其心者，先要诚其意
——管理者守信用才能得人心

古语有云："君子一言，驷马难追。"身为领导者，也只有做到言出必行，不说空话，不放"空炮"，这样才能使员工信服自己，最大限度地得到员工的拥护，从而打造一个同舟共济的团队。

102 / 诚信是管理者发展的命脉

107 / 言出必行，以诚相待

下篇　修炼管理能力，带出强大团队
——中层管理者的管理能力修炼

第 9 讲
欲使亲而敬之，必先威而不怒
——管理者树威信方能信服众

人性化管理的首要要求是尊重，尊重你的下属，尊重你的员工，你才能成为一个深得下属尊敬和钦佩的领导。要在员工眼里树立一个"威而不怒，亲而敬之"的管理者的形象，这样，才能在"黄金距离"里产生员工和领导双赢的美感。

112 ／ 用尊重实现人性化管理

117 ／ 提升自己的人格魅力

120 ／ 管理者应学会控制自己的情绪

123 ／ 懂得为下属留面子

126 ／ "黄金距离"才会产生美

130 ／ 严格执行规矩，莫让制度形同虚设

第 10 讲
欲使人尽其才，必先知人善任
——管理者懂识才方能做伯乐

俗话说："千军易得，一将难求。"作为一名管理者，首要的功力就是做好伯乐，学会在众多的员工中选拔出合适的人才，同时要学会运用人才和管理人才。只有这样，才能使每个人最大限度地发挥自己的优势，做到人尽其才，才尽其用。

134 ／ 做一个能识别人才的伯乐

140 ／ 不拘一格降人才

145 / 选才应德才兼备，以德为先
150 / 管理者要学会用人之长、容人所短
155 / 绕开用人的误区

第⑪讲
欲使无为而治，必先科学授权
——管理者会授权方能享从容

一个人的精力是有限的，成功的人却能在有限的精力内做出无限的业绩来。高度的集权管理只会使管理者筋疲力尽，使团队运行缓慢。所以，一个杰出的将帅要懂得适当放权，大胆地将权力下放给各个下属，给他们充分发挥自己优势的机会。

161 / 学会合理授权、适度放权
167 / 授权不等于授责
171 / 任人之道，在于不疑
176 / 遵循五大原则，把握授权真谛
180 / 委派任务讲求艺术
183 / 分派工作要知人善任、因人而异

第⑫讲
欲使冰川消融，必先如沐春风
——管理者擅沟通方能谋发展

沟通是上下级之间的一种交流，包括情感、思想和观念的交流。领导与下属沟通的目的不在于说服对方，而在于寻找双方都能够接受的交流方式。管理者要学会通过与员工的沟通，挖掘员工的潜力，充分调动员工的工作积极性，从而为企业做出更大的贡献。

188 / 以真诚的态度和下属沟通
194 / 倾听是实现良好沟通的开端
200 / 通过沟通了解员工的需求

205 / 设法化解员工的抱怨
210 / 通过面对面的交流解决难题

第⑬讲

欲使星汉灿烂，必先歌以咏志
——管理者会激励方能扬士气

员工对自己所在团队的满意度越高，他们团队就越有可能成为公司中最为卓越的集体。也就是说，如果员工士气高涨，其工作效率就越高。而管理人员恰恰就是激励员工士气的负责人。身为管理者，要善于激励员工，让激励成为下属努力工作的最大驱动力。

215 / 用激励挖掘员工的潜力
220 / 学会运用非物质激励
225 / 夸奖是最有效的激励方式
231 / 真诚是赞美的基石
235 / 把握好赞美的"度"
240 / 负激励的作用"非负"

第⑭讲

欲为后事之师，先取前车之鉴
——管理者善借鉴方能知兴衰

管理者的修炼并非一蹴而就的，而是通过岗位锻炼和自我修正发展出来的。所谓"前事不忘，后事之师"，管理者必须善于借鉴成功者的优秀管理经验，进而形成一套自己的独特管理模式，打造属于自己的完美团队。

245 / 学穆里尼奥用铁血柔情带团队
249 / 学波波维奇用激进狂热带团队
252 / 学巴顿用勇敢无畏带团队

第15讲

欲使兼济天下，必先宽和包容
——管理者懂平衡方能赢和谐

为将帅者必须具备宽广的气度和胸怀，能够包容性格不同、背景相异的团队成员，这样才能协调好团队成员之间的关系，营造一个和谐的团队氛围，进而打造一支优秀的团队。

256 / 五种方法帮你协调好团队

260 / 打造以人为本的和谐团队

263 / 一视同仁，端平"员工"这碗水

267 / 以静制动，择机而动

269 / 营造良好的团队氛围

上篇

修炼个人魅力，打造优秀队伍
——中层管理者的人格魅力修炼学

打造一支优秀队伍，让这支队伍在企业的各项业绩评比中都能领先，这是每个中层管理者的梦想。欲实现这个梦想，就需要中层管理者先学会修炼自己的个人魅力。所谓个人魅力，包括高瞻远瞩的眼光、运筹帷幄的谋略、处变不惊的从容、审时度势的执行、敢作敢当的气度、海纳百川的宽容以及信守信用的诚意。

第1讲　欲上一层楼，先穷千里目
——管理者看得远才能走得长

俗话说得好：千军易得，一将难求。作为一名将帅型人才，最重要的品质就是有敏锐的眼光，能够发现别人所不能发现的那些机遇，有高瞻远瞩、洞察秋毫的能力。一名成功的领导者，应善于审时度势，把握机遇，从时间、战略和全局上考虑和分析问题。

卓越的领导需要卓尔不群的眼光

一名卓越的领袖，要有卓尔不群的眼光，有善于发现机会的能力。机遇诚可贵，眼光价更高。

为将帅者，必须要具备超越常人的眼光。眼光放得远，才能预知未来的兴衰祸福；眼光看得准，才能发现市场所蕴藏的契机。

商场如战场，给你一个团队去带，你的每一步行动都关系着这个团队的生死存亡。作为一名将帅型的人才，你不仅要有远见卓识，更要善于从现实中寻找潜藏的机遇，只有发现机遇并把握好机遇，才能够带领自己的队伍一步步走向成功。

有很多企业失败的原因都在于领导者欠缺眼光。没有超越常人的眼光，就不可能带领自己的企业在激烈的市场竞争中永远走在前列。当别人通过敏锐的眼光找到发展机遇时，你却依然在原地打转，结果自然可想而知。

眼光有多好，不仅决定了你能将企业带到何种高度，也决定了你个人能达到什么高度。看看职场中那些成功的管理者，几乎都有着卓尔不群的眼光。正是这种眼光，让他们成为了卓越的将帅，也让他们在各自的岗位上创造出了辉煌的成绩。

盛田昭夫是日本索尼公司的创始人，在日本国内素有"经营之圣"的美称。他在索尼有一个完美的开端和过程，也有一个备受争议，甚至有点悲凉的收场。

在索尼任职期间，盛田昭夫的决策一向是英明而正确的，但他晚年却启动了一项当时被人们看作是荒唐透顶的并购。

1989年9月，索尼斥资48亿美元将哥伦比亚电影公司及其关联公司一并收购。对于此次收购，在很多经济学家和管理大家看来，实乃索尼的"发疯"举动，他们断言此次收购将会将索尼推向万劫不复的深渊。

这是因为，当时哥伦比亚的股价为每股12美元，但索尼的出价却是每股27美元。这样一笔看起来亏本的买卖，怎能不让人错愕呢？

果然，之后事件的发展被不看好收购的专家们言中。从收购那天到1994年9月30日，哥伦比亚公司累计亏损31亿美元，创下了日本公司公布的亏损之最。在此局面下，索尼公司似乎大势已去，大厦将倾。面对如此巨大的压力，盛田昭夫有些招架不住了，很不幸，他于1992年染上中风，从此不再处理索尼的经营决策与管理事务。

然而，上帝似乎总是在和人们开玩笑，而历史和时间也似乎在检验着真正的成功与英雄。当时间的脚步迈入21世纪，人们逐渐惊讶地发现，原来当年盛田昭夫那一笔看似"失误"的亏损并购，却是他为索尼留下的最"值钱"的东西。

想当初，那些人死死抱着利益损益表斤斤计较于眼前的经济利益，却看不到盛田昭夫的良苦用心。人们没有想到，他用自己特有的眼光洞见了21世纪索尼赖以存活的根基——视听娱乐，而且以其敏锐的商业直觉，觉察到了好莱坞的知识产权对索尼发展的巨大战略意义。

发展至今，虽说索尼公司遇到了一些暂时的困难，但是业内人士仍然纷纷看好索尼，因为它围绕着家庭视听娱乐而展开的完整产业链和从内容、渠道、网络到终端的商业体系，必将使之摆脱目前的危机，摘得家庭电子娱乐霸主的桂冠。

由此，我们可以看出，正是盛田昭夫战略家的超前眼光和企业家的过人胆略，告诉了人们50年后的索尼靠什么存活、凭什么竞争这个问题的答案。

一次备受争议的抉择，有人拍手叫好，有人怨声连连。直到多年之后，人们才不得不由衷地钦佩这位优秀的企业家。盛田昭夫的一着妙棋，让索尼找到了可以长久依赖的金饭碗，也让人们认识到了优秀将帅的价值。而他这种发现机遇的宝贵能力，正是源自其卓尔不群的眼光。

作为一名将帅型人才，就要能够发现别人所不能发现的那些机遇，洞察契机的能力对于将帅型人才来说至关重要。一名成功的领导者，善于审时度势，总是能够从时间、战略和全局上考虑和分析问题，从而抓住最好的时机。

俗话说得好，千军易得，一将难求。如果你具备了一个合格将帅应该具备的敏锐眼光，那么成功离你也就只有咫尺之遥。所有有志于成为一名优秀将帅的人才，都应该格外重视培养自己的眼光，开阔自己的视野，提高自己发现机遇的能力。当你具备了睿智的眼光时就会发现，你已经能够轻松地洞察到事物的本质，能够在变化无穷的市场环境中做出最好的决策。

闻名世界的麦当劳快餐创始人兼总裁雷·克罗克是一个很有战略眼光的人，他善于在商海中寻找机遇，麦当劳的崛起就是得益于他这份独到的眼光。

有一次，雷·克罗克接到了一份订单，而这份订单上写着要求订购14台制奶机。雷·克罗克拿到这份订单后喜出望外，觉得这是一笔大买卖，于是决定和客户见上一面。殊不知，这次见面不仅使美国产生了一个新兴的快餐业，也改变了雷·克罗克后半生的命运。

原来，这位客户正是如今早已家喻户晓的麦当劳兄弟。当时，麦当劳兄弟正在合伙经营着名为"麦当劳"的快餐馆。餐馆的规模不大，品种也不丰富，主要是汉堡和炸薯条。

出于好奇心理，雷·克罗克品尝了麦当劳餐馆的食品，没想到一下子就被它吸引住了。当然，吸引他的不只是食品的美味可口，更重要的是麦当劳兄弟独特的经营方式。因为雷·克罗克发现，麦当劳兄弟采用的是流水线生产汉堡包和搭售炸薯条的营销方式。他们在制作和销售过程中，采用的是标准化牛肉小馅儿饼、标准化配菜系列，不仅如此，他们还采用红外线灯照射以保持炸薯条的清脆可口。由于食品口感好、分量足，并且很快捷，"麦当劳"的食品很受当地居民的喜爱。

此外，有一个巨大的拱形"M"招牌也吸引了雷·克罗克的注意力。在当时所有的麦当劳餐馆中都有这一招牌，名字也都叫做"麦当劳"，显然，这已经有了联合销售、联合经营的发展趋向。

尽管麦当劳有很多可圈可点的地方，但雷·克罗克经过周密的考察，还是发现他们的经营思路并不完美。在雷·克罗克看来，麦当劳兄弟有个致命的弱点，那就是思想比较保守落后，而且过于满足现状。因此，他们对于进一步开发拓展业务和发展分店似乎兴趣不大。

所有这些都给雷·克罗克留下了难以磨灭的印象。

但是，雷·克罗克没有放弃。多年的推销员生活和对饮食业发展趋势了解的经验告诉他，麦当劳餐馆的这种生产和销售模式非常重要，只是需要改进。因此，他并不急于签订出售制奶机的合同，而是留在加州连续考察了一周。

这7天中，雷·克罗克一刻都没有闲着，他马不停蹄地四处打听，不断地观察，结果又有了新的发现。当时，他告诉自己：人生的转折时机就要来临了。

就在1960年，雷·克罗克甩出了令人惊异的大手笔，出资340万美元买下了麦当劳兄弟的全部资产和经营权。这在美国的商业史上，算得上一个新的奇迹。

后来，雷·克罗克跟人们解释说："当我遇到麦当劳兄弟时，已有多年的准备了。以我多年在食品、饮食业中推销的经验，我有足够的能力去判断机会是否真正来临。"

麦当劳辉煌的成功得益于雷·克罗克当初睿智的眼光。如果不是他从那份订单中敏锐地看到了发展的契机，如果他没有果断出手去把握住这次机会，那么现在也就不会有麦当劳这个闻名世界的快餐业巨头了。

一名卓越的领袖，要有卓尔不群的眼光，有善于发现机会的能力。机遇诚可贵，眼光价更高。抓住一次宝贵的契机，也就是抓住了让企业腾飞的机会，很有可能让企业从此走上快速发展之路。一次意外的发现有可能重新设定一家企业的发展轨迹，在迈向成功的道路上，眼光有多准，你的成就就会有多大。

善计划者方可大成

没有计划,就是正在计划失败。

事业在于计划,而计划则需要有长远的目光。很显然,只能看到眼前利益的人是不会有长远打算的,而出色的将帅肯定不会是这样的人。

长远的眼光就是周密的计划,就是计划到"自己"的外面,也就是居安思危。如果一个将帅没有了计划,就只能在职业旅途上徘徊,永远无法确定努力的方向。

为将帅者的组织能力还包括善于计划。做每一件大事,都应该有大计划,分门别类,按部就班;而每一个大计划又有若干阶段的独立计划,每一个独立计划前后彼此都有着密切的联系,并且能做到相互衔接,以便加以统筹安排。

例如:一次战争,应有整体计划;而每一次战役,又有战役计划。现代企业工作也是如此,每一个部门应有自己的建设计划。计划还要按照时期、种类分别计划,国家是这样,个人也是这样。个人有一生的计划,一年的计划,一日的计划;一件事又有一件事的计划;然后按照计划行事,自然就有所成就。

提到苹果公司,我们立刻就会想到史蒂夫·乔布斯。这个创造了iPod、i-

Phone、iPad的美国人，头顶上可谓笼罩了各种的光环。在他的带领下，苹果公司在2007年底，股价甚至飙升到了200美元。

然而很少有人知道，这个如今令人景仰的公司，10年前的股价只在3美元左右徘徊。苹果公司能够从破产的危机中逐步走向蓬勃发展，关键就在于一点——乔布斯的高瞻远瞩。

从诞生的第一天开始，苹果公司就被打上了乔布斯的个人烙印。创新，走一步看三步，这是苹果公司持之以恒的发展策略。因此，与其他公司不同的是，苹果公司在乔布斯的带领下，不断开发新产品，不仅取得了技术上的领先，股票的成功上市也证明了其在市场上的成功。

到了20世纪80年代，具有忧患意识的乔布斯意识到，再优秀的产品也需要精准的营销策略。于是，他邀请百事可乐的总裁斯考利加盟苹果。

乔布斯的深谋远虑，现在看来无疑是非常准确的。然而，他在选人上却出现了失误。与乔布斯"专攻"理论不同的是，从百事聘请来的斯考利主张多元化发展，在他的带领下，苹果陆续开发了数码相机、随身听、音响系统，甚至游戏主机。可是，这一做法并没能让苹果取得理想的成就，反而因为产业链过长，严重地分散了公司资源，使得公司的核心产品得不到应有的研发资金，公司承担了庞大的资金压力。也正是在这个节骨眼上，微软取得了苹果在图形界面领域的多项专利，造就了Windows3.1和Windows95的巨大成功。至此，苹果变得无足轻重，慢慢沉寂起来。到1997年，公司当年亏损额达10亿美元，市值也只有区区30亿美元。此前，乔布斯也被迫离开了苹果公司。

虽然聘请斯考利，导致了苹果公司的溃败，但是没有人可以否认，乔布斯当年制订的计划是正确的。因此，苹果董事会经过讨论，在1997年将乔布斯又一次请了回来。

重回苹果的乔布斯，依旧是那副高瞻远瞩的样子，仿佛把未来的一切都尽收眼底。这一次，他没有再依赖别人，而是凭借着自己的力量，在苹果公司内进行大刀阔斧的改革。

乔布斯所做的第一件事，就是大幅削减生产线。60多个产品，一下子精简到只剩4个。当时，很多人不理解乔布斯的举动，但乔布斯却毫不妥协，因为对未来的规划，他已经了然于胸。

紧接着，乔布斯再一次展现出了"走一步看三步"的魄力。他决定重新从工业设计入手，以家用为切入点。而这时候，一个人的到来为乔布斯的计划起到了决定性作用，他就是乔纳森·艾维。进入苹果之后，乔纳森·艾维设计出了那种透明的类似果冻般效果的电脑外观，这让所有人都大开眼界，它一下子改变了人们对电脑的印象。这次改变为苹果的重新崛起打下了坚实的基础。

更让人吃惊的是，乔布斯居然和对手微软公司达成了协议！所有人都不明白，乔布斯为何要这样做。其实，他早已看清了未来的发展趋势：虽然在操作系统领域，微软是自己的对手，但是在其他领域，两家公司的合作却多于竞争。正是基于这样的考虑，乔布斯重新审视了两者的关系，这样，苹果和微软两个看似永远站对立面的企业，居然达成了战略联盟。

这份魄力，有几个人可以做到？乔布斯做到了，并且成功了。通过与微软的合作，苹果得到了来自微软的投资，还得到了微软在苹果的Mac平台下继续开发Office软件和IE浏览器的承诺。

正是凭借着乔布斯的高瞻远瞩，苹果一举扭转颓势，迎来了一个新的时代。

没有计划的将帅都不会成功，所以有人说："没有计划，就是正在计划失败。"成功的将帅都善于制订自己的工作计划，他们很清楚自己预想的目标，并且会为这个目标的实现而制订周密的计划。有管理者调侃："你可能不会被大象踩死，但你可能会被蚊子叮咬。"而蚊子，就是你疏忽的地方。由此可见，计划是任何一个目标实践过程中必不可少的东西，而且要详细到把所有要做的事项都列下来，并按照先后顺序排列，然后按计划行动。这样，才能一步一步向目标迈进。

许多作家创作的时候，规定自己每天需要撰写多少字数，需要搜集多少资料，需要查阅多少资料，把它们整理罗列来，每天固定的时间一到就照着计划进行。当然，有的时候没有办法完全按照计划进行。但是，有了计划，会提供你做事的次序，让你可以在固定的时间内，完成你需要做的事情。在工作当中，管理者没有办法做每一件事情，但是永远有办法去做对你最重要的事情，计划就是一个排列次序的办法。

一位哲人曾经提出：成功者之所以成功，是因为他对时间管理的方式和一般人不一样，他在24小时当中，跟你做了不一样的事情。这些事情往往不是非常困难，都是一些简单的事情，然而，成功者把这些事情变成一种习惯，因此，他们的成就总是超越别人。

为了做成功的将帅，你需要设计严密的计划；为了传承，为了团队和公司的发展，你需要设计严密的长远计划。这就是承接定律。

下定决心，就已经成功了一半

成功学界有一个观点十分流行，那就是：成功来源于你是想要，还是一定要。

想要在商界中打下自己的一片天地，计策是必不可少的。然而，比计策更重要的，则是誓不回头的决心。套用尼采的一句话就是："一个有强烈决心的人将无所不能。"

当下，成功学界有一个观点十分流行，那就是：成功来源于你是想要，还是一定要。如果仅仅是你想要，那么最后的结果可能是什么都得不到；如果是一定要，那你就一定有方法可以得到。

事业的发展不是一蹴而就的事，它需要有着顽强必胜信念的人，毫不松懈地坚持。这样的人决不会因为一次失败而打乱他一生的计划。通过失败，他们可以从中总结经验、吸取教训，然后养精蓄锐、从头再来。

这也正是一个合格将帅所必备的精神品质。每一个管理者，要想带领团队大展宏图，就必须要有决心、有韧性。而对于决心的培养，则是要讲究原则与方法的：

1.培养浓厚的兴趣

兴趣是最好的老师，兴趣是前进的动力。如果一个将帅对某种事物、某项工作产生了巨大的兴趣，那么他就更容易具备不达目的不罢休的决心和意志，成功也便顺理成章了。正如诺贝尔奖获得者丁肇中说："我经常不分日夜地把自己关在实验室里，有人以为我很苦，其实这只是我的兴趣，我感到'其乐无穷'，自然有毅力干下去了。"

所以，无论做出怎样的决定，我们首先要问问自己："这件事我真的感兴趣吗？"只有肯定的回答，才能让你有决心坚持下去。

2.衡量自己是否有决心

正如我们前面提到的，当明确了目标之后，你要这样问自己：究竟是"想成功"，还是"一定要成功"？虽然"想"与"要"之间只是一字之差，但结果却是天壤之别。渴望成功的人多如牛毛，而真正成功者却凤毛麟角，其中很大一部分原因就取决于这一字之差。因为"想"，是随意的、想当然的、盲目的和非现实的；而"要"则全然不同，它是明确的、有目的的和现实的。而"一定要"则是促使人前进的最强驱动力，在它的支配下，人们才会不顾任何艰难险阻，义无反顾，锲而不舍地前进。

3.把决心融于生活中的每个细节

人是一种充满惰性的动物，习惯性地放弃是很多人都有的习惯。想要扭转这种心态，我们就要把决心融于生活中的每个细节。例如，你可以在一张纸上写下自己的决心，字最好大一些，然后把它贴在显眼的地方。每天清晨，当你醒来第一眼看到它的时候，就大声说出你的决心；你也可以用录音机把你的决心录下来，每天反复地收听；此外，闲暇的时候，要不断地想象自己的目标实现了的情景。这样，决心就会得到强化，让你难以产生放弃的思维。

总而言之，丢了决心，就等于断了前进的路。不下决心，我们很难从根本上改变习惯和心态；不去决战，我们很难做好充分的准备；不能决胜，我们就会失去职业的尊严。所以，牢牢记住拿破仑的一句话吧："我成功是因为我有决心，从不踌躇！"

第2讲　欲览众山小，先要凌绝顶
——管理者有胆识才能成大事

> 胆识就是需要力排众议的时候，就不会瞻前顾后；胆识就是发现百年难得一遇的机会的时候，就不会犹豫不决；胆识就是对已经不能再用的人，不会一再容忍；胆识就是果断处置当下的时候，就不会畏首畏尾。

起手无回，以胆识成就明天

胆识是一个管理者的精神支柱，也是一架通天梯，依靠它，我们可以所向披靡，战胜一切困难，赢得别人钦佩的目光，攀登到事业的巅峰。

有着日本"赚钱之神"之称的邱永汉曾说过这样一句话："做生意，没有什么别的秘诀，只要有一笔可以牺牲的钱和一个敢冒险的胆子。"

我们还经常听到这样一句俗语：撑死胆大的，饿死胆小的。话虽粗俗，但道理却明明白白，千真万确。在如今处处存在着竞争与机遇的社会，也必然存在着众多的风险，如果一个人缩手缩脚，前怕狼后怕虎，那么其带领下的团队将失去一展宏图的潜能，这家企业也必将无法在激烈的市场竞争中寻求到发展壮大的机会。

换句话说，在企业发展的道路上，只有具备勇气和胆识的人才能大胆地接受风险的挑战，也只有在这样的管理者领导之下，企业才有顺利发展的可能。

综观古今，但凡有所成就、名垂青史、为大家所铭记的人物都是有胆有识、敢为别人不敢为之事的人，收复新疆的左宗棠就是出了名的有胆识之人。

胆识是一个管理者的精神支柱，也是一架通天梯，依靠它，我们可以所向披靡，战胜一切困难，赢得别人钦佩的目光，攀登到事业的巅峰。

有胆识不仅要敢为天下先，敢于成为第一个吃螃蟹的人，而且做事要果断。尤其是在面对困境，需要做出艰难抉择的时候，有胆识者不会因循守旧、畏首畏尾，而是果断地做出决策。

那些敢于冒险、不怕风险的人，往往都拥有敏锐的眼光。他们善于在风险中抓住机遇，也同样不会忽略机遇中的风险，从而在为企业打造出一个美好未来的同时，也为个人进一步走向成功奠定基石。

一位畅销书作家对"胆识"一词下过这样的定义："胆识就是在需要力排众议的时候，就不会瞻前顾后；胆识就是发现百年难得一遇的机会的时候，就不会犹豫不决；胆识就是对已经不能再用的人，就不会一再容忍，否则徒增困扰；胆识就是果断处置当下的时候，就不会畏首畏尾。"作为管理者，如果做事犹犹豫豫，畏缩不前，结果只能是自取灭亡。反之，如果像老鹰一样有胆有识，果断行事，就可以重获新生，搏击长空。

当然，要成为一个有胆有识的将帅型人才，还需把握以下两个关键点：

1. 将那些缺乏自信的词语统统摒弃

自信是成功的一半。这句话同样适用于管理者。如果一个人总是把缺乏自信的话语放在嘴边，那么就会越来越缺乏胆识。

例如，老总说："老张，这个项目你来做，我想你不会让我失望的。"老张却说："感谢老总的信任，希望能如您所说，我能够做到不辜负您的期望。"显然，老张是在"谦虚"地表示，自己可能做不好。试问，这样的话，有哪个老总愿意听呢？

再如，老板说："陈经理，我决定升你做总监。"陈经理却说："谢谢您的抬爱，可我怕我做不好。"相信老板听了这样的话，第一个念头就是：难道我看错人了？

因此，我们要敬告读者朋友，类似上面这种模棱两可的话不要讲。如果您的这种谦虚被外国老板听到，那么很可能就会将交给你的任务取消掉。对于我们这种"博大精深"的谦虚"美德"，人家根本无法体会。

说到底，这样的话语，虽说表面看是一种谦虚，但实际上却能体现出，说话人本身骨子里头是不自信的。所以说，一个管理者要赢得尊敬，获得赏识，一定要将这种看似谦虚的行为坚决摒弃，而将自己的专业和自信表现出来。

2. 对自己已经决定的事，不要轻易反悔

象棋界有这样一句话："起手无回大丈夫"，说的就是一步棋走下去，不管怎么后悔，也没有反悔的道理，否则就不是"大丈夫"所为了。

其实，走错了有什么大不了的？如果能够走好下面的路，胜算也不是没有。即便真的输了，不是还有下一盘棋吗？

用下棋的道理运用于工作，其实是一样的。想要成为一名将帅型人才，很有必要培养自己"起手无回"的魄力和习惯，遇到事情的时候不要犹疑不定，对于已经决定了的事情不要轻易反悔。更何况，在工作中，为了一件小事就反反复复或随意推翻自己的决定，那显然是不负责任的表现。这样的管理者，又怎么能让众人心服呢？

用意志力架起胆识的天梯

古之立大事者，不唯有超世之才，亦必有坚韧不拔之志。

美国第 30 任总统约翰·卡尔文·柯立芝在其晚年的人生回忆录中写下了这样一段话："世界上没有一样东西可以取代顽强和坚韧。才能不可以——怀才不遇者比比皆是，一事无成的天才也到处可见；教育也不可以——世界上充斥着学而无用，学非所用的人；只有顽强和坚韧，才能无往而不胜。"

要想成为团队的带头人，要想带领团队更好地工作和生存，就要努力培养自己顽强的意志力，做好下属的"领头羊"，不断创造佳绩。

然而我们却常常发现，在工作中很多人会感觉力不从心，明明已经定好了的任务量却受到这样那样因素的干扰，经常无法按计划完成，这是什么原因呢？就是信念不足、意志力不够，用老百姓的话来讲，就是做事缺乏定力。

意志和毅力不是一种抽象的力量，它通过管理者的活动体现出来，是蕴藏于管理者的内心而直接体现在行动中的超人的品格。它具体体现在顽强性、果断性、忍耐性三个方面。

一个管理者的意志是否顽强，表现在遇到困难和挫折时，是否能够迎难而上。意志顽强者，往往会困难越大，挫折越多，他的斗志就越旺盛，干劲就越足,有一种不达目的誓不罢休的决心、勇气和闯劲儿。我们来看一下丘吉尔的故事。

丘吉尔是英国著名的政治家,世界反法西斯战争"三巨头"之一。他受命于危难之际,领导英国人民取得了抗击德国法西斯战争的胜利。

丘吉尔的一生都抱着同一个信念,那就是:英雄创造了历史,而自己正是创造历史的英雄。他认为,自己命中注定要发挥杰出人物的作用。事实果然如丘吉尔所坚信的那样,他最终成为了英国历史上叱咤风云的人物。因为他的存在,不仅挽救了大英帝国,而且与此同时也改变了世界的时局。丘吉尔以其远见卓识、深刻的分析判断力、坚韧不拔的意志、决胜千里的政治魄力和雄辩的演说能力,在世界政治舞台上留下了永不磨灭的光芒。

艾森豪威尔十分尊敬地赞扬丘吉尔的雄才大略说:"通过战时与他交往,我发现,对他来说,整个地球就像是一位智者的操练场地,这位智者力图解决海陆空部队部署这样的紧迫问题,而几乎在同一瞬间,又能探索到遥远的未来,仔细考虑参战国在今后和平时期的作用,为他的听众设计着世界的命运。"

虽然艾森豪威尔不是丘吉尔复制的将帅型人才,但他同样受到丘吉尔的影响,可见意志力在"复制定律"中的核心地位。

我们还会发现,在工作中,常会出现管理者与被管理者就意志力进行较量的局面。这种较量,有些是明朗化的,有些是具有隐蔽性的,不易被发现。如果一个领导者的意志力不足,在较量中败下阵来,那么,即便他大权在握,他想要得到的结果,却未必可以得到。而最有可能的结果就是:他的威信扫地，负面的影响非常大。反之，如果管理者的意志力足够坚韧，他就可以树立威严的领导形象，让下属心服口服。

程彬是公司的业务主管，有"铁面主管"之称，但凡是他下的指令和任务，很少出现半途更改的情况。

程彬曾讲过这样一件事情："4月中旬，鉴于公司前段时间出现的一些问题，我对销售政策作了重大调整。负责执行的几个员工对此非常不满意，他们来到我的办公室，讲了此事，并提出了政策修改建议。我的意见非常明确：政策绝对不能改！他们非常不服气，我就耐心地讲明了此次调整的原因：第一，从年初开始，我就在筹划新的销售方案，考虑是成熟而周全的；第二，公司前段时间的状况混乱不堪，严重影响公司的整体发展。从大局考虑，这次调整是必须的，也是必要的；第三，调整政策的出台，是经过了系统的考虑，作了整体协调安排，平衡性与灵活性是兼顾的，没有死胡同。一个员工还是有些不满，他说，现在这个调整方案的争议很大，如果继续下去，恐怕会引起更大的问题。我告诉他，对于争议，我早就有心理准备，在竞争如此激烈的公司中，但凡涉及利益之争，都会出现争执，此次割肉放血的调整政策，即便个别员工有过激行为，也属正常情况。对于争议的解决，我早就有预案。在我的强烈坚持下，调整政策得以实施，结果证明我的坚持是对的，这次的政策调整让公司的整体业绩上升了40%。"

程彬表示，从某个角度来说，主管与下属之间并不是简单的管理与被管理的关系，彼此也会进行意志力的较量，不是你决定他，就是他决定你。身为管理者，一定要掌握主动权，让自己的位置稳如泰山。

意志力强的管理者，除了要在管理中有坚韧的精神外，也要让自己真正养成坚韧不拔的性格。这样，无论在什么环境中，管理者都可以坦然面对，从容应对，否则，就可能因为意志力薄弱而吃亏。

有这样一个著名的生物学实验。

把鲮鱼和鲦鱼放进同一个器皿中，然后拿一块玻璃板将它们隔开。最开始的几分钟内，鲮鱼见身边有条鲦鱼，于是兴奋地向鲦鱼猛攻。可是经过几次碰撞，被玻璃板撞得晕头转向后，鲮鱼便有些垂头丧气了。这时候，实验者将玻璃板拿走，再看鲮鱼却已经没有了攻击的欲望，它对近在眼前的鲦鱼竟熟视无睹，哪怕肥美的鲦鱼在唇边擦过，它们也无进攻的迹象。最后，鲮鱼被活活地饿死，而鲦鱼则因为有生物学家供给的鱼料而活得自由自在。

碰壁的鲮鱼之死，可以让我们从中悟出一些道理：鲮鱼的意志力薄弱，被一时的困境吓倒，从而形成了固定的思维模式，最终眼睁睁地看着食物而被饿死。而在工作中，有的管理者也在重复着鲮鱼的悲剧，他们在工作之初往往有一往无前的冲劲儿，一旦碰到困境也想去克服，但"攻击"了几次，就如霜打的茄子——蔫儿了。一次微不足道的困难或失利，就前怕狼后怕虎。这种缺乏"再坚持一下"的性格弱点，常常让他们与唾手可得的成功擦身而过，"为山九仞，功亏一篑"，令人扼腕叹息。

任何一个成功者，无不具有坚强的意志力；而任何一个失败者，缺乏毅力几乎则是他们共同的特点。所以说，意志力这个东西，很重要，也很可贵。有了意志力，我们会克服恐惧、沮丧和冷漠；会不断地增加你应付、解决各种困难问题的能力；会将偶然的机遇转变为现实；会帮助你实现他人实现不了的理想……因此，古今中外的先人、哲人、伟人、名人，都对它作了高度的评价。

宋代大文豪苏轼说："古之立大事者，不唯有超世之才，亦必有坚韧不之志。"

中国革命的先行者孙中山说："最后的成功，归于最后的努力者。"

现代作家巴金说："战士是不知道畏缩的。他的脚步很坚定。他看定目标，便一直向前走去。他不怕被绊脚石绊倒，没有一种障碍能使他改变心思。"

无产阶级的伟大导师马克思说："在科学上没有平坦的大道，只有不畏劳苦沿着陡峭山路攀登的人，才有希望到达光辉的顶点。"

那么，如此重要的毅力又该怎么培养呢？不妨从以下几个方面进行：

1. 坚定的信心。

2. 强烈的愿望。

3. 明确的目标。

4. 有组织的计划。

5. 积极行动。

当然，上面诸多有利于培养毅力的因素，不能只是头脑一热的短暂产物，只有使之成为融入我们思想和实际生活的习惯，意志力才能够真正培养起来，所以，克服消极的心理因素，来保证意志力的培养，特别要注意习惯。

置之死地，才能后生

认定了人生的方向，要敢于切断其他后路，破釜沉舟、孤注一掷，才能在这条路上收获灿烂的阳光。

"有志者事竟成，破釜沉舟，百二秦关终属楚"，在我们读中学甚至小学时，就对这句话不陌生了，它出自历史上有名的"巨鹿之战"，让人们感受到的，正是西楚霸王项羽敢于破釜沉舟、置之死地而后生的魄力。

我们一起来重温一下这个历史故事：

公元前 209 年，一场规模盛大的农民起义，将陈胜、吴广推上了历史的舞台，而刘邦和项羽率领的两支军队逐渐壮大起来。两年之后，项羽的起义军与秦将章邯率领的秦军主力部队在巨鹿（今河北邢台市）展开大战。最终由于项羽不畏强敌，引兵渡漳水（由巨鹿东北流向东南的一条河）。过河之后，项羽对全军下发命令："皆沉船，破釜甑，烧庐舍，持三日粮，以示士卒必死，无一还心。"这正是历史上著名的巨鹿之战，这一战，使项羽大破秦军，其带领的军队也威震诸侯。

在实力远远强于自己的敌人面前，项羽下达了"破釜沉舟"之令，这其实是在表明他本人的立场：要坚决与敌人死战到底！由于之前项羽已经在军中充分树立了威信，所以，他的这一"决一死战"的行为立即引起了楚兵的热烈响应，激起了这些热血青年的斗志。同时，面临汹涌澎湃的黄河，不前进就只能是死路一条，而当下的情况是，秦军虽然强大，但相对于黄河天险则要小上很多，击破秦军是唯一可以求得生还的渠道。于是，当这唯一的生存机会摆在面前时，项羽以及他的将士们已经疑虑尽去，一心杀敌。这种置之死地而后生的信念支撑着楚军拼死一搏。

这次战役，项羽及其麾下的士兵们的做法看似绝望死拼，但实际上其中恰恰蕴含着巨大的激励效能。从与敌人交战的英勇斗志到奋力抗敌的坚定信念，再到竭尽全力杀敌的决心，项羽通过这种激励策略，从这三个层面层层递进地激发了楚军的士气，挖掘出了楚军的全部实力，因此创造了以弱胜强的经典战役。

在职场中拼搏的你，如果还有梦想，如果不甘于平庸，如果想改变自己的生命轨迹，那么，你就应学会破釜沉舟、孤注一掷，努力去把机会变成成功。要有勇气不给自己留退路，去逼着自己必须成功。只有这样，你才会全身心地投入其中，全力以赴地建立属于自己的事业。

2004年，一位叫庞海燕的成都女孩，高考失利，最终无缘"象牙塔"。她的父母觉得女儿没考好主要是没发挥好，复读一年再考肯定没问题。但是，庞海燕没有接受父母让她复读的建议，而是只身前往福建厦门打工，不久后她在一家贸易公司做了业务员。

由于勤奋努力，又加上头脑灵活，几个月之后，庞海燕就取得了比大多数同事都好的业绩，深得领导的器重。碰巧业务部经理要借调到分公司任职，而庞海燕就顺理成章地坐到了部门经理的位子上。这一干，又是两年过去了。通过几年的打拼，庞海燕在自己所从事的行业中站稳了脚跟，过着一种让别人羡慕的生活。

　　2007年，庞海燕的一个朋友想约她一起创业，而且要回老家成都，因为那个朋友也是成都的。经过一番深思熟虑，庞海燕决定放弃目前看起来不错的工作。离职时，她这样跟老板说：“老板，您当年也走过这样的一条路，所以才有了今天的成绩。所以，现在的我，也要拥有那种破釜沉舟的勇气，打造一段属于我的人生！"庞海燕的话感动了老板，老板欣然应允，同意让她回家乡创业。

　　到成都后，庞海燕一天没有休息就开始寻找投资项目。终于在他人的扶持下，庞海燕建立了一家网络传媒公司。公司里繁杂事务的忙碌并没有让庞海燕忘记给自己充电。她一边经营公司，一边在成都大学进修广告学。曾经期待中的美好感觉还未出现，公司经营中的各种问题却接踵而来。不到半年，她的网络传媒公司亏损严重，庞海燕也觉得筋疲力尽，甚至开始后悔自己当初的决定，打算放弃看不到光明的网络公司。

　　但是，经过半个月的休息和调整，那个打不垮的庞海燕又回来了。她想：既然自己喜欢广告这个行业，就应该不留退路地走下去。于是，她重新振作起来，先后到几家广告公司挂职学习。最后，庞海燕倾尽所有家资，在2010年10月，再一次创办了一家广告传播有限公司。这一次，她汲取曾经的经验，也吸取了曾经的教训，很快经营稳步进行，她的公司逐渐在行业中站稳了脚跟。每当开公司例会时，庞海燕看着朝气蓬勃的职员，常会感叹："要想真正地获得成功，你就应该破釜沉舟、不留退路地走下去！"

　　俗话说得好，压力产生动力。像上述故事中庞海燕采取这种破釜沉舟、不留退路的做法，正是在给自己施加压力，逼迫自己在追求财富的路上奋力前行。任何一个人，想成就一番事业，都必须一心一意、全神贯注地追逐既定的方向。因此，当我们产生惰性、害怕失败时，不妨自断退路，逼着自己全力以赴地寻找出路，如此才能赢得出路，走向成功，收获属于自己的灿烂事业。

由此看来，一个身处波折的商界中人，只有具备破釜沉舟的决心和勇气，才能敢于迎接、挑战未来路上所遇到的各种难题。这样的气魄，是一个合格的将帅型人才不可或缺的品质；这样的人生，才是一个完美而真正的人生，才是一个能够收获财富的人生！

以胆识造英雄

只有大胆尝试、敢于冒险，才能最终收获成功的果实，才能成就不一样的自己。

在滚滚商业浪涛中，冒险是现代企业生存和发展的必然道路。"不会冒险的人永远不会成功！"世界著名成功学大师戴尔·卡耐基在少年时代就从父亲那里得到了这样的人生哲言，而他也总是把这句话拿出来，调适自己与别人的心态，激励人们战胜困难，奋勇向前。

对于美籍华人王安博士，几乎世界各地的企业界和IT界无人不知、无人不晓。在30年的时间里，王安的企业从600美元开始，上升到了年销售额30亿美元，公司员工人数也从个位数上升到了5位数。这样一个看似令人惊讶的巨大成就，就源自王安敢于冒险的精神。

　　1951年，王安毅然告别了令很多人艳羡的哈佛大学计算机研究所的工作，在一个远离繁华区域的地段租了一间房屋，用600美元的家底成立了王安实验研究公司。

　　在起步阶段，可以说只有"艰难"二字能够形容当时的情况。起初，公司里只有他和妻子两个"全职"员工，另外还有一名"兼职"人员作为工作的助手。一年下来，王安实验研究公司只有1万多美元的营业额。这样下去，公司必将难以为继。

　　面对现实的困境，王安寻求着突破口。为了渡过难关并求得发展，他开始和一些公司联盟。这一举措需要胆略和更大的冒险精神，因为与他联盟的公司实力都强于他。在这个过程中，虽然自己会受益，但也会有损失。最终的结果表明的确如此，联盟虽然为公司经营发展中遇到的资金问题带来了益处，但同时也给王安的公司造成了不小的损失。

　　不过，王安毅然坚持了下来。后来，他的公司推出了"洛其"对数计算器。它的出现终于为王安带来了新的希望。在20世纪60年代初期，这种计算器销量很好，随着销售收入的增加，公司利润水涨船高，而员工人数也逐渐发展到百人以上。

　　此后又经过一段时间的奋战，王安的公司又推出了自己设计制造的"300型"计算器，使公司的销售额又来了一次突飞猛进的增长。1967年，王安的公司成功上市，在发售股票之初，竟在证券市场上掀起了一阵空前的抢购狂潮。

　　在这种高歌猛进的势头下，王安却居安思危，为公司的未来作出了长远打算。此时，他将目光对准了更先进的产品和计算机。为了弥补自己在软件技术方面的不足，王安的公司以745万美元的代价买下了菲利普·汉金斯股份有限公司。不久后，王安的公司便生产试制出了3300BASIC和700型两种计算机。几年后，王安的公司又推出了2200型迷你计算机。所有这些计算机产品，在上市后均深受用户们的好评。

王安的脚步并没有止于此，在开发通用计算机的同时，他又带领着团队开始研制文字处理器——WPS。之后，王安的公司成为了全世界此类系统最大的供应商。

综观王安公司令人刮目的发展历程，无不体现出其敢于冒险的精神。没有这种精神，没有敢于尝试的勇气，这一系列成就只会成为镜中花、水中月。

由此我们也可以看到，一个将帅型人才大胆冒险和敢于尝试的勇气对一个企业的发展来讲，影响是巨大的。只有那些有胆有识、敢于冒险的英雄才能获得事业的成功和人生的辉煌。

对于很多企业来说，在从弱小走向强大的过程中，都难免遇到阻力。在这事关生死存亡的关头，如果跨出去，可能会让公司掉进陷阱或者深谷里，从此销声匿迹，但也有可能带领公司踏上一条康庄大道，使公司摆脱困境，实现发展的目标。于是，风险便产生了，是停步还是前进，必定要作出选择。如果向前跨出一步，可能会让公司摔得粉身碎骨，但也可能让其再次攀上高峰。如果选择停步，也许可保一时的安全，但很可能会因此错过大好时机，令自己懊悔不已。

因此，想要取得更大的发展，就必然要承担风险，当然，在冒险的同时有必要预计到种种可能的损失，然后坦然面对，争取将风险尽量减至最小程度。举世闻名的苹果公司就是创业者冒着巨大的风险获得成功的一个典型例子。我们一起来分享一下：

20世纪70年代，计算机开始在西方国家出现，但那时的计算机远不像我们现在所见到的这么小，而是有着庞大的体积和复杂的结构，需要专业知识才能操作的一个大物件。对于这种"稀有动物"，更不是人人都可以有拥有的，当时它的使用只局限于政府部门、科研机构和大型公司。即使发展到后来的阿尔塔微型计算机，也只是供人们娱乐使用。

在科技日益发展的同时，计算机开始由大变小，直到1976年，"苹果"微型计算机面世，顿时掀起了一场震惊世界的革命。设计和制造这款"苹果"微型计算机的人分别是乔布斯和沃兹尼亚克，他们被人们称为"永远改变了人们工作习惯的人"。

说起他们设计和制造计算机的历史，可以追溯到他们的童年时代。

他们二人都是在硅谷土生土长的居民，从小就对电子计算机有着巨大的热情。两个人都爱钻研一些电子设备，长大后依然热情不减，到1974年，阿尔塔微型计算机上市时，他们就琢磨着是不是可以将计算机"升级"一下。在想方设法弄到了一些零部件后，他们就在乔布斯家的一间破旧车库里开始制造由沃兹尼亚克设计的微型计算机。

经过他们的一番努力，使车库里那件"新产品"具有了多种功能，比"阿尔塔"优越得多。于是，他们想借此赚取一些钱财，乔布斯就把他们组装的、尚缺外壳的计算机带到附近一家计算机批发商店。店主看后，喜出望外，感到此产品大有前途。这位英明的店主一下子就订了50台。拿下这么大的订单，乔布斯激动极了，他告诉自己，该是干一番事业的时候了！

紧接着，乔布斯和沃兹尼亚克合办了一家公司。他们设计出来的计算机新品，犹如呱呱坠地的婴儿，虽然貌不出众，尚无法吸引那些根底深、家业大的大资本家来投资，但却引起了风险资本家的高度重视。当时38岁的百万富翁马库看了产品之后，认为冒险挣大钱的机会来了。于是马库决心帮助这两个大胆的新手。他投资 9.1 万美元，还给他们借来 60 万美元，并推荐一位富有经营管理经验的能人——33 岁的迈克·斯各特出任总经理。

公司开张不久，他们又开发研制了新商品苹果 II 型微型计算机，并投放市场。苹果 II 型微型计算机无论从操作上，还是功能及外观上，都有了更大的提高，受到更大范围的认可。自此，苹果公司的创办者开始一帆风顺，逐渐步入了拥有无尽财富的辉煌殿堂。

从出身来讲，乔布斯和沃兹尼亚克并没有多少优于常人之处，但他们却取得了举世瞩目的成就，一方面可归因于他们的勤奋和聪明才智，但另一方面我们不得不承认，他们有异于常人的胆量和气魄。

可以说，没有乔布斯和沃兹尼亚克的冒险精神，那么也就不会有苹果计算机的产生，更不会有人们生活的跨越式变化与发展。因此，只有大胆尝试、敢于冒险，才能最终收获成功的果实，才能成就不一样的自己。

第 3 讲　欲决胜千里，先运筹帷幄
——管理者懂谋略才能战必胜

在这个瞬息万变的社会，领导者尤其需要具备敏锐的洞察力，做到审时度势、预见未来，这样才能跟上时代的步伐和未来的发展要求。只有那些具备预见能力的领导者，才更容易对事物的形势和发展趋势做出正确预测，并且适时地抓住机遇，做出科学的决策。

审时度势，谋定后动

要想成为一个常胜不败的管理者，就一定不能墨守成规，亦步亦趋，而是要懂得灵活机变和审时度势。

"未雨绸缪"是我们都熟悉的一个词，也是大多数中国人做事风格的体现。在这种心态的支配下，我们往往在决定某一行动之前，会好好地盘算一下，因为这样便可以对未来有一个清晰的、有条理的、系统的预计和打算。

不过，这种"打算"中所制定的计划和决策并非一成不变的，而是随着决策的推行过程而选择停止或者继续，或者变更其中的某些部分。也就是说，在不改变决策目标本质的情况下，可以灵活机变一些，边做边修改、调整。这也是中国式管理的一大特色，当然，这也是一个合格将帅型人才所必备的做事风格。

总部位于美国加州的立源亚洲控股有限公司，对于很多业内人士来说并不陌生。但恐怕大多数人并不知晓其董事长贺将波一贯奉行的创新原则——"灵活机变"。针对这一点，我们可以从下面的事例中略知一二。

贺将波以哈佛商学院第一名的优异成绩毕业后，带着对自己那份儿聪明劲儿持有的自信，开始管理投资基金。因为那个时候，聪明人才能在投资上赚到钱。但是当进入这个行业后，贺将波发现这个世界上聪明人太多了，而且大家会挤进一个领域进行投资。贺将波觉得自己应该到聪明人较少关注的地方投资，做生意一定要灵活多变，人弃我取、人取我弃才能赚到钱。

1993年，贺将波成立了立源基金。成立之后，首先进入的是液晶显示屏项目领域。那个时候，IBM对于液晶显示屏并不看好。但本着"人弃我取"的经营策略，贺将波将IBM的液晶显示屏部门收购，并把该部门搬到台湾，成立了宏鹏显示器公司。短短两年时间过后，液晶显示器的投资领域开始变得炙手可热，众多生产商蜂拥而上。

然而此时，贺将波却觉得，自己该放手这一块了，"一个产业，如果投资进来的钱太多，成本肯定会比较高，也很难取得理想的投资收益。"说变就变，他知道绝不能抱着一种产品经营。于是，贺将波将宏鹏显示器公司卖给了明基的子公司友大光电，顺利地拿回了投资，还狠狠地赚了一笔。

看得出，贺将波是一个在经营决策中注重灵活变通的人，也正是他的这种"善变"，使企业避免了损失风险，反败为胜。事实上，市场是多变的，作为市场消费主体，人们的需要也是多变的，那么，一个能够适应市场需求的企业，必将根据市场的需求审时度势地作出相应的决策。

所以说，要想成为一个常胜不败的管理者，就一定不能墨守成规、亦步亦趋，而是要懂得灵活机变和审时度势。

相反，如果一个人做不到这一点，那么即使拥有万般才能，也必将难以避免失败的结局。

一个对事物缺乏审时度势和高瞻远瞩眼光的人，很容易被眼前的局势所蒙蔽。所以说，要想成为一个将帅型人才，就需要具备通权达变、运筹帷幄的智慧。

可以肯定，只有那些具备预见能力的领导者，才更容易对事物的形势和发展趋势做出正确判断和预测，并且适时地抓住机遇，做出科学的决策。在当今这个瞬息万变的社会，管理者尤其需要具备敏锐的洞察力，做到审时度势、预见未来，这样才能跟上时代的步伐和未来的发展要求。

分清轻重缓急，避免本末倒置

分清事情的轻重缓急，灵活应对，以控制好决策的过程，这样的弹性处理才是将帅型人才的智慧所在。

同做任何一件事情一样，团队管理者的决策也有先有后，有轻重缓急之别，这是每一个管理者都应该把握的问题。美国决策大师皮尔斯·卡特有一句名言："决策的最佳时机并不仅仅是快速，而是适速。"

一个再小的公司，一个公司的管理再有序，公司中有待完成的工作也总是多于用现有的资源所能做的事情。因此，自上而下，每一级管理者都必须有轻重缓急的决策，否则将一事无成。可以说，轻重缓急的决策不仅体现了一个管理者的远见和认真的程度，而且决定了整个团队的基本行为和发展战略。

轻者当缓，重者当急，关键决策攸关公司生死，更是一刻也不能忽视。

那么怎样来分辨何事轻、何事重，何事该缓、何事又该急呢？

在此，我们和读者朋友一起分享几点方法，以有助于您作出最英明的决策。

1.重要又紧急的事

和所有其他事情比较起来，这些事情都更为重要，更需要马上解决。也就是说，这种危急事件，事关企业生存条件的事情，必须在第一时间着手处理。

2.重要但不紧急的事

工作中的大多数真正重要的事情，都不是很急的，可以现在去做也可以稍后再做。然而实际上，我们却往往会把这些事情无休止地拖延下去。对于此类工作的注意程度，可以分辨出一个将帅型人才决策有无失误，工作有无效率。正确的方式应该是要把这类工作作为第一优先的事情。只有当一个管理者把主要精力放在"重要而不紧急"的事上，他才能从容应对。

3.紧急但不重要的事

表面上看来，这类事情是需要立即采取行动的，但是冷静下来客观分析一下，又觉得应该把它们列入次优先工作中去。

4.既不紧急也不重要的事

很多职场人士误以为，既不紧急也不重要的事，往往占用的时间和精力较少，干脆早点完成，好去做那些重要的事情。实际上，这是本末倒置。是否浪费时间，每个人都有不同的看法。但因为做这些事情而影响了工作效率肯定是得不偿失的。不可否认，此类事情会给人一种有事可做和有成就的感觉，使我们有借口把重要的工作向后拖延。这种做法常常是一些能力不强而又身处高位之人的一大弱点。

事实上，管理者所做的决策本身既是一件硬性工作，也是一件弹性工作，但万不可眉毛胡子一把抓，更不能固执行事，正确的做法应该是灵活应对，以控制好决策的过程，该先就先，该后就后，这样的弹性处理才是将帅型人才的智慧所在。

要想做到这一点，需要我们根据自身的特点来定义事情的轻重缓急，以下几点或许能帮我们成为优秀的决策者：

1.能够用长远的眼光看问题

具备这种做事风格的管理者，意味着其能够预见到一个决定对未来所产生的影响。很多时候，让一个管理者迅速作出决策反而是容易的事。从短期来看，这样做并没有什么不妥；但如果能够看到该决策的长远影响，那么，其必将会成为一名更好的决策者，从而抢在别人之前把握住机遇，并且能够更好地利用这次机遇。

2.能够看到整个大局

这一点和第一点并不相同，因为看得长远，我们在作决定的时候，可以预见到这个决定对未来的影响。而"看到整个大局"是指，我们可以看到该决策对整体形势所产生的影响。

对于这一点，需要提醒的是，我们要让自己从问题中抽离出来。因为当身处问题之中时，我们很难看清眼前的问题。有这样一句话："不识庐山真面目，只缘身在此山中。"要想看清整个问题，我们需要暂时"离开"一下，以便更客观地看清问题所在。一旦暂时远离问题现场，我们会很吃惊地发现，我们已经找到了比自己想象中更多的选择。

3.采取行动不需要经过别人的同意

一个人在做某项决策时，如果总是想："我的领导、我的老板会怎么看待这件事？"那么他将很难成为一名自信的决策者。记住，你的任务是利用自己的决策技能作出正确的决定，然后用你的说服技巧来说服领导，赢得领导的支持。

4.善于独立思考

一个英明的将帅型人才，必定是一个善于独立思考的人。在一些事情上，即使周围所有人都在拼命说服自己改变主意，他们只要认为自己是正确的，那么就会对自己的决定充满信心，坚持自己的立场，毫不动摇。

5.内心拥有很强的道德观念

儒家学派的代表人物孟子曾说："人有不为也，而后可以有为。"这句话旨在告诉人们不管受到怎样的诱惑，要想取得理想的成就，自己内心的价值观必须保持不变。

或许很多管理者都面临过下属抑或客户向自己提出带有诱惑性的请求，比如"如果您不太计较我这次工作中的小失误，我保证会更好地工作，等下次签下单子的时候我私下里跟您分红"。此时，如果管理者犹犹豫豫，既怕破坏了上下级的友好关系，又受"分红"的诱惑，导致前怕狼后怕虎。而当他踌躇于如何做出决定时，或许用多年时间树起来的高大形象一下子大为贬值，团队风气也会骤然滑坡，甚至会毁于一旦。

细节决定成败，成败决定英雄

管理者要善于发现工作中的小细节，善于理顺每一件小事，用小事和细节来成就自己的功绩。

我们常听到人们赞许德国人做事的细心和缜密，但反观我们自身，则很容易发现一些人大大咧咧，甚至以不拘小节自诩，认为这是能做大事的"兆头。"

事实上，这种想法是很狭隘的，要成为一个团队中的"领头羊"，成就一番事业，诚然需要目光远大，但这并不代表细节问题就可以忽视。在很多情况下，细节往往是影响事情成败的关键因素。

15世纪时，英国国王查理三世在位期间，准备和亨利公爵来一场生死决斗。这次决斗的结果将决定由谁来统治英国。决斗开始的前一天，查理三世命令马夫为他备好战马。

马夫不敢怠慢，赶紧为国王仔细挑选了一匹战马，然后找来铁匠，说道："快点给它钉上铁蹄！国王明天要骑着它去决斗。"铁匠回答："那你得等一会儿，前几天，我替国王把其他的马全都钉了铁蹄，现在已经没有制作铁蹄的铁片了，我得再去找一些来才行。"马夫没好气地喊道："我不能等！"

铁匠非常无奈，只好赶紧干活。他拿来一根铁条，制作了4个铁蹄，并把这4个铁蹄一点点敲平、整形，然后固定在马蹄上，再往上钉钉子。可是，钉完三个铁蹄后，铁匠发现没有钉子来钉第四个铁蹄了，于是他打算再做一根钉子。但是，马夫在一旁不断地催促，铁匠怕挨骂，就将铁蹄挂在马蹄下面，草草了事。

第二天，查理国王骑着那匹战马上阵了，他指挥士兵迎战敌人。远远地，他看见公爵亨利，他想："擒贼先擒王，先打败亨利，他的士兵就会不战而败。"于是，他狠狠地在马屁股上抽了一鞭子，向亨利的方向跑去。

但让他没想到的是，意外发生了，查理国王还没走一半，他胯下的战马脚上挂着的铁蹄就掉了，这匹马立刻跌翻在地，他也被摔在地上。查理国王刚想抓住缰绳上马，战马就跳起来逃走了。他想大声求助，却发现他的士兵纷纷向后逃跑，而亨利的军队已经冲上来将他包围了。他在空中挥舞宝剑，声嘶力竭地吼道："都怪那匹马的铁蹄！我竟然因为这一个铁蹄失去了我的国家！"

一个铁蹄失去了一个国家，看上去似乎风马牛不相及，但却因为细节的疏忽，使人们难以置信的事情真实地发生了。

要做好一个将帅型人才，细心同样不可忽视。这种细心势必会为其带来诸多好处，比如，细心的将帅在参与竞争时，会因为精心的准备而多一分赢的机会，而粗心的管理者则会因为马虎大意而失去竞争力。

方敏在家乡县城的一所中学工作，是初二年级的学年组长，跟她共事过的同事都称赞她做事细心。

其实，方敏的细心并不是天生的，而是后天养成的，这源于一次粗心事件。那次，她参加县里的评优课比赛，临行前，她觉得自己已经有了充分的准备：课件做好了；讲课材料带好了；总结报告打印好了……但是，在比赛开始前20分钟她才发现有很多问题：由于操作系统版本不同，课件在服务器上的几项功能无法使用；讲课材料由于学生人数较多不够用；总结报告少打了一页。

她赶紧实施补救计划，虽然提前几分钟解决了问题，但是，上课时的从容和自信却少了很多。结果，她没能拿到优秀奖，学校领导也因此推迟了她的升职日期。

这件事以后，方敏感慨道："有时候感觉自己已经很认真地做好了一切准备，但计划没有变化快，无法预知的变化始终会走在我们前面。如果事前我们能细心一点，准备得充分一些，就不会留下遗憾了。"因为这次的教训，方敏也开始培养自己的细心，事业也开始顺利起来。

细节决定成败，在工作中，管理者注重工作中的细节问题，是良好责任心和个人素质的一种表现。试想，一个办公桌上乱七八糟的管理者，他怎么会将工作安排得井井有条？一个粗心大意的管理者，如何带领下属创造佳绩？那么，将帅型人才应该如何培养自己细心的能力呢？一般来说，可以从以下三点去做：

1.考虑周全

管理者做事不要只考虑单方面因素，要考虑周全，以便实现团队的最佳管理状态。

张经理在团队成员管理方面有着充足的经验。在面对一些处事高调、具有"高层背景"的员工时，向来都是处理得十分妥当，经常私下里委婉地表达对他们的意见和建议，也明确地将自己的看法和态度传达给他们。在对待工作业绩突出的下属时，经常在会议中公开表扬，既为那些"惹不起"的员工留住了面子，又为表现好的下属赢得了自尊。

细节决定成败。张经理在管理中，考虑问题时细致周到，不放过任何一个细节，不管是有"背景"的员工，还是优秀员工，他都能妥善、周全地处理妥当，避免员工发生矛盾，以免影响共同的利益。他这样做，既加强了团队精神，又能促使团队朝着共同目标努力，实现公司利益最大化，这也是企业领导者不能缺乏的管理能力之一，在细节中发现问题、解决问题。

2.认真对待小事

要想成为一个细心的将帅,就要学会将目光放在小事上,并认真对待。久而久之,细心的能力就会培养出来。而且,还可能因此而获得老板的青睐。

李倩是公司客服部的经理,说到自己的升职之路,她道出一个秘诀:认真对待小事。她说:"我刚到客服部的时候,负责接电话。时间一长,我发现同事们接电话的方式都差不多:'没有'、'不清楚'、'时间安排不过来'等等。我觉得这种方式不好,就决定改变一下。一次,我接到一个电话,客户希望我们能派出最有经验的张技术员为他们解决机器故障,而张技术员外出还没有回来。通常情况下,同事们就会回答客户:'张技术员出去了,不知道什么时候能回来。'但我没有这样说,而是答道:'他出去了,我们这里还有几位有经验的技术人员,他们是刘技术员、杨技术员、陈技术员。刘技术员的特长是……'"

李倩表示,主动地为客户提供更多信息,尽可能让对方有更多选择,是她在接电话过程中的一个小秘诀,而客户也会在她的推荐下欣然选择一位技术人员。

一年后,老板找李倩谈话,问她愿不愿担任客服主管。李倩很诧异:"我一直在接电话,没什么特长,怎么能当主管呢?"老板说:"不同的人,哪怕接电话也会有大大的不同。你接电话的方式与众不同,就凭这点,我就相信你能管理好客服部。"

半年后,由于工作认真,李倩再次高升,成为客服经理,她不无感慨地说："职场上不乏接电话、订盒饭等鸡毛蒜皮的小事，但恰恰就是这些小事，足可以炼就一个优秀的职业人。"

3.善于发现和记录问题

国内一名管理学讲师这样说过："细心的人，在执行过程中不会看不出破绽与漏洞。"很多时候，我们无法执行到位，不是一开始就有问题，而是在执行的过程中，我们发现方法有问题。其实，很多工作都是一边做一边调整和修正，即摸着石头过河，所以，管理者要随时发现问题，这样既可以避免出现问题，又可以培养自己的细心。

另外，要想成为细心的将帅，还要善于记录问题，著名的罗兰·贝格咨询公司总裁罗兰·贝格就很细心，跟他接触过的人都知道，他不会忘记任何事情，即便是一件小事。

罗兰·贝格每天都要与很多人打交道，为了让自己细心一点，他会用录音机录下每件事情，让秘书整理后打印出来。同时，他还会在每一份备忘录上标明时间，到了这个时间，秘书就会把备忘录交给罗兰·贝格。因为这样细心地记录，他从没有忘记他曾关注过的每一件事情。

用目标为团队设立前行的灯塔

为团队设立目标就是为团队指明方向，目标的设定既不能伸手可及、又不能高不可攀，最恰当的目标应该是踮起脚、伸着手能够够得着。

一个人如果没有目标，就好比在茫茫大海中航行的船只没有灯塔，容易迷失方向以至于做无谓的转圈。一个团队也是如此。只有团队具有明确的前进目标，才能让团队成员齐心协力，一致向前看，才能调动每个成员的积极性，发挥其才干和潜能，将团队打造成一个高效、卓越的集体。

贞观年间，在长安城的一家磨坊里，共同劳动的一头驴子和一匹马是好朋友。贞观三年，这匹马被玄奘大师选中，跟随大师前往西天取经。

时光荏苒，转眼十几年一晃而过，这匹马和玄奘大师胜利归来，驮着佛经的马回到长安的那一刻，心中无比骄傲。休整之后，它重到磨坊会见驴子。当马向驴子谈起自己这些年的经历，驴子就像听天书一样惊异不已，它不禁惊叹："你有多么丰富的见闻啊！那么遥远的道路，我连想都不敢想。"

马说："实际上，咱们俩走过的距离是大致相等的，这些年你也没闲着，我也没歇着。不同的是，我和玄奘大师始终朝着一个目标前进，所以我们打开了一个广阔的世界。而你一直都在同一个地方，始终没有走出过这个狭隘的空间，眼睛也就看不到外面的世界。"

同样是不停歇地忙碌，然而二者却有着截然不同的结局。一个由于有清晰的目标而"闻名天下"，一个因为没有目标而"原地踏步"。可见，目标的作用何其重大。

不难理解，如果一个团队有了明确的目标，那么就相当于有了日常管理和行动的指南，每一个团队成员就会遵循着这一方向而努力。

这也正印证了著名管理大师彼得·德鲁克曾说过的这样一段话："并非是有了工作才有目标，相反，只有有了目标才能够确定每个人的工作……指导和控制团队成员行为的应该是绩效目标，而不是管理者。"

事实上，很多管理者都充分认识到了目标的重要性，但遗憾的是，在制定目标的时候却出现了不少失误。究其原因，多数是由于管理者本身没有真正理解目标是什么，导致在他们嘴中所表达出来的目标总是含糊不清，令下属无法理解。还有的管理者在设定团队目标时好高骛远，不切实际、偏离重心。这样一来，目标就失去了其存在的价值，团队的绩效也将大打折扣。

王志峰在最初担任公司销售部门经理的时候就犯过这样的错误：为了迎合营销副总年度销售突破亿元的计划，王志峰为各个销售区域制订了在上年基础上翻一番的目标。目标公布出来之后，王志峰听到的是团队成员的大量反对意见，可他对此满不在乎，依然坚持自己的决定。

到了上半年工作总结时，王志峰发现自己犯下了一个严重的错误：他所设定的目标根本无法实现，一些资深销售人员由于无法完成销售任务受到打击，不时流露出颓废的神情，一些过激的销售人员则选择了离职。

此时，王志峰才意识到了问题的严重性，及时进行了调整，并与那些神情颓废的销售人员进行了深入的沟通。王志峰的改进措施收效很明显：三个月过后，全体销售人员的激情被重新点燃，销售状况随之好转起来。

可见，不切实际、好高骛远的目标不仅不会促使团队取得理想的绩效，反而会给团队的进步形成巨大阻力。

那么作为管理者，该如何设定目标呢？

1.自始至终都要明确一点：目标不是自己个人的，而是整个团队的

不少管理者在设定团队目标的时候，往往只考虑自身，而忽略了整个团队，或者是根据个人对团队的理解作出判断，然后据此制订目标。这样制订目标很可能存在两方面的问题：要么根本无法实现；要么很轻易地就可以实现。所以说，一个好的将帅型人才在制定团队目标时，首先需要对团队中的每一位成员进行深入了解，始终记得，目标不是自己一个人的，而是整个团队的。

2.设定的目标必须要有关键点

这里所说的关键点，指的是实现目标必须达到的指标，或者说是检验目标是否实现的标准。举个例子来说，一个以销售快速消费品为主导的团队，在制订目标的时候，就要考虑到生产、渠道、客户、促销等多个环节和因素，但绝不可能把每一个环节和因素都视为重点，也就是我们常说的不能眉毛胡子一把抓，最终只能从销售收入、利润率、单品销售额、市场占有率等几个核心因素展开。

3.目标必须是具体的、可量化的

尽管有的部门的目标难以量化，但作为管理者还是应尽可能地使目标具体量化。只有这样，下属才能明确知道自己的努力方向和绩效衡量标准。这样下属自然不会推卸责任和搪塞。

4.必须界定目标实现的时间

如果没有时间限制，那么设定目标就变得毫无意义了。也就是说，制订目标必须将时间这一重要因素考虑进去。事实上，目标是否可行，将由两个因素来决定，一个是团队本身的能力，另一个就是效率。而效率的根本则在于时间。不难发现，有些团队会为了追求目标而无限制地延迟时间，直到领先地位被对手占领了，自己才恍然大悟。这样，岂不得不偿失了吗？

总之，管理者若遵循上述几项法则，将使自己避免陷入错误的目标设定之中。当然，设定目标必须结合整个团队的实际现状，因此，能否设定合理的目标首先取决于管理者对自己团队的了解。

第4讲 欲闲庭信步，先处变不惊
——管理者知从容才能渡危机

每个企业在发展过程中，都难免会遭遇或大或小的危机。在这种时候，如果领导者如临大敌，强敌未到，自己先乱了阵脚，那么企业很可能就会在危机中烟消云散。作为一个成功的将帅，必须做到"心有惊雷而面如平湖"，才能带领企业渡过危机。

遇事沉着，处变不惊

用隐忍代替怨气，以理性克制冲动。学会有效地控制情绪，才能成为一个有魅力的将帅型人才。

现代职场中，不管是领导也好，职员也罢，似乎都会出现情绪失控的时候。每当面临这种局面，要么鱼死，要么网破，最终对于推动事物向积极方面发展毫无用处，反倒因此使工作的进展拖了后腿。

所以说，遇到事情只有处变不惊、沉着应对，才能有利于问题的解决，也只有这样的人，才有资格成为众人爱戴的领导，也只有这样的人，才能取得常人无法取得的成就。

我们来看一个日本"推销大王"原一平的故事：

当初，原一平刚进入保险公司做保险推销员时，公司派他去一家大型汽车公司推销企业保险。此前，原一平就听说了那家公司一直以不参加企业保险为原则，不管是哪家保险公司，也无论是哪个保险推销员，都无法说服公司总务部部长。

但是，领此任务，原一平还是打算试一试，而且他横下一条心：不管遇到多大困难，自己都要想办法把客户"拿下"。接下来自然是拜访这位"刀枪不入"的总务部部长，一连两个月，原一平始终没有间断过。功夫不负有心人，终于，总务部部长被原一平的这种精神打动了，决定见他一面，但部长提出要求，得看一下原一平的销售方案。原一平欣然同意，但让他没想到的是，这位部长只看了一半，就对原一平说："这种方案，绝对不行！"

虽然感到有点儿失望，但原一平并没有泄气，他回去后对方案进行了一番修改。第二天，他又去拜访总务部部长。可是，这位部长却冷冷地说："不管你的方案制订多少份、修改多少回，都不会产生任何作用的，因为我们公司有不参加保险的原则。"

这时候，原一平只觉得胸口的气向上冲，昨天的方案不行，自己熬夜重新制订方案，可现在又说拿多少来都没用，这不是在戏弄人吗？不过，原一平还是努力克制着，不让部长察觉到自己的情绪。他转而一想，自己的目的是卖保险，对方对此应该是有所需求的，自己的保险对其有百利而无一害，这单生意完全有可能成交。这样想来，原一平便冷静了下来，跟部长说了声"再见"就告辞了。此后，原一平依然坚持游说这位部长，一天又一天，一次又一次。终于，凭着超强的忍耐力，原一平将保险卖给了这家汽车公司。

情绪的自我控制，其实是潜藏在每个人内心深处的一种与生俱来的能力，它能过滤掉外界消极的信息。人一旦失去这种自我控制能力，就会被洪水猛兽一般的消极情绪给肆意吞噬。古今中外，成大事者无不具有高度的自制力。古语云："天将降大任于斯人也，必先苦其心智，劳其筋骨。"不管是苦心智，还是劳筋骨，都需要自制力来助一臂之力。

历史上有名的汉将韩信，虽然年轻时家境窘迫，但他不会插科打诨，也不善投机取巧。整日只顾一门心思地研习兵法，最后只落得个连饭也吃不饱的地步。迫不得已下，他只好背起家传宝剑，沿街乞讨。

有一天，韩信正在乞讨的时候，一个财大气粗的屠夫看见了韩信穷酸书生样，非常瞧不起，便当众冷嘲热讽道："你长得虽然人高马大，又喜欢佩刀携剑，但不过是个懦夫罢了。你若是够胆，就举起剑捅死我；你若是没胆，就从我裤裆下钻过去。"说罢，张开双腿，摆出架势。

韩信一声不吭地打量了屠夫一会，随即弯腰蹲下，竟然真的从屠夫的胯下钻了过去。街上的围观者顿时哄堂大笑，一致认为韩信是彻头彻尾的胆小鬼。

就这样，韩信不置一言，闭门苦学。几年后，各地爆发了反抗秦王朝暴政的大起义。韩信闻风而起，执剑从军，成了一代战神，为后人所称颂。

古人说："忍人之所不能忍，方能为人所不能为。"自我控制能力强，才能成就大事。韩信正是因为受胯下之辱而忍之，从而完成了丰功伟业。如果当初韩信为泄一时之气，一剑杀了狂妄的屠夫，就等同于拿自己盖世将才之命去抵无知劣徒之身。如果当初韩信为贪一时之快而上前斗殴厮打，就等同于舍鸿鹄之志而与燕雀较真。韩信深知此理，宁愿受辱也不为争一时长短而罔顾自己的远大前程。用隐忍代替怨气，以理性克制冲动。可见，韩信是一个非常有自制力的人。

心理学家曾对16万名身陷囹圄的成年犯人做过一项数据调查，最后结果显示：那些罪犯之所以锒铛入狱，有90%是因为缺乏一定的自制力。因为不善于自制，他们无法把有限的精力和时间花在积极有益的方面，他们甚至还给自己和他人的生活造成可怕的破坏。

可见，情绪的自制力是一种很强大的力量。它能帮我们搬开情绪上的绊脚石，也能让我们对人对事做出最理性的选择。一旦学会自制，我们便可能获得意想不到的结果。

所以，在工作中，我们千万不要因自己的情绪造成不利的影响，这不是明智之举。我们应该学会有效地自我控制，避免怒气冲冲，保持心平气和，将一切不良情绪掐灭在襁褓中，把激情放在更有建设性的事情上。这样才会有助于我们向将帅型人才的培养奠定基础。

那么，我们应该如何有效自制，并增强自身的情绪控制能力呢？

1.明辨是非，始终清楚什么是对的，什么是错的

用理性的头脑、清晰的思路来判定事物，始终清楚什么是正确的，什么是错误的。比如，面对同事善意地指出自己工作中的失误，我们不要认为这是故意挑刺儿，而应该认识到这是为自己提供了帮助，使自己避免了错误的发生。所以说，只有在心里摆正方向，分清孰是孰非，才能控制住不做令自己后悔的事。

2.把意志力磨砺得更锋利

若没有顽强的意志力做有力的后盾，自制力只是空谈。或许，在你心中有自制的意识，但行为却与意识相悖。这时，你需要一些意志力来控制自己。

所以，意志需经常磨砺，否则，意识将无法变为行动。

3.多把注意力放在细节上

很多时候，细节决定成败。所以，凡事要从小事做起，在细节上多加注意，加强自律。自古以来，成功之人往往注重小节，他们明白"千里之堤，溃于蚁穴"的道理。

4.经常进行自我反省

所谓"君子博学而日参省乎己，则知明而行无过矣。"只有经常自我反省，对自己严格要求，才会取得进步，才会得到经验，才会避免犯错。

请记住，自制力是一种帮助人成功的力量，就如美国人格心理学家沃尔特·米歇尔所说："自制力不能操控世界，但却可以改变我们对待世界的方式。"

温和从容，遇惊不乱

一个心理素质超强的将帅，不容易受外界的因素干扰，而会用稳定的情绪掌控全局。员工们跟着这样的领导才放心，老板们委任于这样的干将心里也才踏实。

为将帅者，要想运筹帷幄，就要处变不惊。换句话说，一个心理素质超强的将帅，才不容易受外界的因素干扰，才能更好地掌控全局。员工们跟着这样的领导才放心，老板们委任于这样的干将心里也才踏实。

我们再来看一下现代职场中的事例：

一家大型酒店准备创办自己的千兆网站，由于建立千兆网需要克服很多技术上的困难，而具体到网站的设置方面，又牵涉到一些商业问题。当时，负责该项工作的李兵副处长一脸疑问，哪里有这种既懂计算机技术，又懂营销的人呢？

凭借自己积累的人脉，李兵副处长"挖"到了几个人，但他们在听完这一任务后，都感到任务艰巨，以心有余而力不足婉言推辞了。无奈，这项计划只好搁置下来。

过了两天，技术部科长张元峰找到副处长，他说，看到领导为此一筹莫展，自己想毛遂自荐试一试。张元峰大学学的是计算机专业，一直在酒店负责网络方面的工作，但他对于商业销售并不在行。抱着试一试的态度，向副处长自告奋勇。

李兵决定让他试一试，反正一时半会也没找到合适的人，就算做不成也不会给酒店带来什么损失。就这样，张元峰就接手此事了。

之后，他一边向商场专业人员请教，积极地学习商业销售知识；一边着手解决技术问题，项目推进得虽然不是很快，但却在稳步前进。李兵副处长对他的信任也在不断增加，并且不断放手给他更大的权力。最后，他终于胜利完成了任务。没过多久，张元峰便被升为网络部经理，因为领导和同事们都觉得他是个敢于承担责任、有着良好心理素质的人。

从上面事例可以看出，心理素质过硬，才能赢得领导的信任。很多情况下，企业都需要这种具备良好心理素质、能够把控全局的人。

不过，一个人超强的心理素质并不是天生就有的，要经过长期的训练才能形成，它不以主观意志为转移，而更多地取决于客观方面。所以要想成为一名受领导器重、得下属爱戴的将帅，应该努力在工作中学习，从以下四个方面加强心理素质的培养：

1. 保持乐观而稳定的情绪

为将帅者需具备乐观而稳定的情绪，不仅有助于自己的心理健康和提高工作效率，而且能感染下属，稳定下属的情绪，激励下属的士气；如果为将帅者情绪经常不稳定，将严重地影响实际工作水平，降低下属的士气。

2. 具备坚强的意志力

任何一个团队最重要的任务都是实现相应的工作目标。我们知道，很多时候，目标的实现总是和克服困难密切联系着的。只有将帅带领着团队成员克服困难，工作才会有所前进。因此，坚强的意志是优秀将帅的一个重要的非智力因素方面的心理素质。

3. 拥有宽容大度的胸怀和气魄

宽容是一种对别人关怀、爱护和体谅的高尚品质。具有宽容品质的管理者，在处理人与人之间的关系时，善于和别人进行"心理位置交换"，也就是站在他人的角度看问题，能够设身处地地想他人所想。这样的管理者能够给下属形成良好的心理影响，让下属感受到亲切、温暖、友好的氛围，获得心理上的安全感。同理，一个将帅只有具备宽容精神，才能调动一切可以调动的积极因素，团结一切成员，为实现工作目标而奋斗。

4. 具备谦逊与谨慎的良好品质

人们都不喜欢那种高傲的、不拘小节的人。作为一名统领团队的将帅，要想得到别人的尊敬和爱戴，同样需要注意这一点，尽量让自己展现出谦逊、谨慎的作风。因为只有领导正确地认识自己，知道自己的强项与弱点，这样才能扬长避短。所以，为将帅者要做到力戒骄傲自满、言过其实，也不会畏首畏尾、自卑盲从。这样，才能使下属心服口服，工作自然也就能够顺利开展。

在此，为了让读者朋友更系统地了解将帅型人才应具备的良好心理素质，我们特别指出几点具体的方法，希望大家从这些方面着手，力求实现上述几个"关键点"：

1.让不良脾气如雨而至，如风而走

有些人天生脾气大，情绪来了，就跟倾盆大雨一样倾泻如注，不管遇到什么事，也不管事情是大是小，都喜欢用大发脾气的方式来压制别人。在他们看来，这种大发脾气可以在下属中间形成一种震慑力。其实，这种想法大错特错，领导的脾气发得越多，员工就越会见怪不怪，发脾气本身的效用也就荡然无存，甚至还有些聪明的员工对此还会形成一种自我保护的方法。

既然如此，身为将帅，不妨学会克制自己的情绪，尽量不要失控，更不要故意发脾气。如果真的火气上来了，不妨先停顿一小会儿，然后再解决问题，这样不良情绪自然会消散掉一部分。

2.坚决给自己戴上"专权独裁"的帽子

有的人一旦登上领导的位子，就摆出一副"家长"的架子，把下属管得严严实实，喜欢看到下属对自己唯唯诺诺。实际上，如果一个领导在具体事情上对员工干预过多，甚至干涉下属的私事，将是非常不讨人喜欢的做法。久而久之，下属会对领导采取抵制、敌视的态度。

明智的做法应该是：给他们一定的自由空间，而不是试图将他们套装在自己划定的小圈子里。在分派给下属任务时，也应该多强调目的和结果，而具体完成任务的方法和手段，则尽量让下属自己去决定。

3.承认自己不是圣贤，犯错也在所难免

孔圣人说，人非圣贤，孰能无过。作为管理者同样难免会犯错，但如果对错误故意掩盖，则势必欲盖弥彰，影响到自己的形象和权威。聪明的领导会勇敢地将错误承担下来，或公开道歉。这样做不见得就是一件坏事，勇于认错、改错并不表示会将"污点"放大，相反，适当地认错有可能会把污点变为亮点，正所谓"小过不掩大德"，就是这个道理。认错并改正错误，这实际上是展现了管理者本人的高尚德操，也在无形中为下属树立了榜样。何乐不为呢？

临危不乱，从容应变

遇到危机，需要将帅们处变不惊、临危不乱。只有这样，才能看清危机的实质，才能够理清思路，明确定位，找准策略，从容应变。

《三国演义》中有一段"空城计"，展现了诸葛亮精彩的计谋，历来为人们津津乐道。马谡失街亭，司马懿率领兵士乘胜追击，直逼西城。而此时的诸葛亮没有迎敌之兵，但是他却摆出了一副镇定自若的神态，大开城门，自己坐在楼上弹琴。正是他的这一举动，使敌军误以为诸葛亮早已准备就绪，于是赶紧撤退。不得不说，在大敌当前、寡不敌众之时，诸葛亮所表现出来的临危不乱，着实让人钦佩。

还有一个历史故事，同样展现了为将帅者临危不乱的气魄。我们一起来看一下。

楚汉争霸之时，项羽和刘邦对峙于广武，项羽吩咐暗处埋伏的弓弩手朝刘邦放冷箭，一支利箭正中刘邦胸口。刘邦险些从马上摔下来，左右将领大惊失色。就在中箭的那一刻，刘邦眉头一皱，心想："要是部下知道我伤势严重，必然会乱了方寸。万一项羽趁火打劫，后果就不堪设想了。"于是，他弯下腰来，不去摸胸部的箭伤，而是摸着脚大声骂道："臭蛮子，你的技术不行，只射中了我的脚趾头！"将领们见刘邦只是受了一点儿轻伤，都松了一口气。

回到军营之后，刘邦在几个心腹重臣的照料下包扎了伤口，又穿上了厚重的盔甲，用木棍子支撑着骑到马上，到各营寨巡视了一番。这样一来，下面的将士们都确信刘邦伤势不重，所以没有发生骚乱。消息传到了项羽那边，项羽只好放弃了乘胜攻打刘邦的计划。刘邦则赢得了养伤的时间，日后再择机较量。

可见，刘邦赢在了临危不乱。他将事态的严重性紧紧控制在了极小的范围内，让大部分的人都相信事情是朝着好的方向发展的。这样一来，军心就得以稳定，士兵们也就能继续保持高昂的战斗气势。

一个企业或团队都需要这种临危不乱的将帅。只有这样，在危机来临时，才能沉着冷静，从容应对。

不可否认，每个企业在发展过程中，都难免会遭遇或大或小的危机。在这种时候，有的管理者如临大敌，强敌未到，自己先乱了阵脚。在这样的领导带领下的团队，又怎么能战胜困难、克敌制胜呢？

真正的将帅应该做到如前所述，临危不乱，从容应对。具体来讲，可以采取下面几个方法：

1. 出奇制胜之道

我国古代著名兵书《孙子兵法》里说："凡战者，以正合，以奇胜。故善出奇者，无穷如天地，不竭如江河，奇正之变不可胜究也。"其实，商场如战场，出奇制胜在商界同样适用。

要知道，危机并不等于危险，也不见得全是坏事，在危机面前如果处理得好，危难还可以转化为企业发展的契机。

在前两年金融危机爆发的时候，著名服装品牌"梦特娇"力求在危机中寻求突破。金融危机既成事实，这种客观因素所造成的风险，企业是无法控制的，那么就要学会在危机中寻找突破口，这就是"梦特娇"面对危机的新主张。于是，"梦特娇"开始转变市场经营策略，由成熟男性品牌形象转向年轻运动系列，寻找新的消费市场，为企业找到了新的商机。

由此看来，当企业处于危机中时，要善于发现危机中的商机，明确市场定位，善于利用、引导当前形势就会赢得商机，以"奇"制胜，使企业在危机中求得生存和发展的空间。

2.调整战略之法

在面临危机的时候，很多企业由于害怕受到更大的冲击，对于是否继续扩大业务范围犹犹豫豫。但是，有的企业却在同样的背景下大胆捕捉机会，寻求突破。比如，国内颇有影响力的红豆集团，在几年前的金融危机时大胆决定"走出去"，扩展海外业务，并联合其他中国企业在柬埔寨设立经济特区。柬埔寨的资源，令很多跨国公司眼红，所以，红豆集团在柬埔寨的发展具有相当大的潜力。

3.查漏补缺之思

当危机出现时，为将帅者除了要带领团队及时处理当前的危机事件之外，还要对自己的团队进行查漏补缺，提高整体的应变能力。

如果说遭遇危机给企业和团队带来巨大损失的话，那么如果不在这种损失中汲取教训，引以为鉴，将来再在同一个地方跌倒，损失就是无法估量的。

所以，这个时候，为将帅者要做的就是查找原因，进行查漏补缺，做好预防工作。冬天总会不期而至，准备好过冬的棉衣总比没准备要好，所以说，不管是企业领导还是员工个人，都要有危机意识，并时刻做好应对危机的准备，因为预防是对付危机的最好办法。

诚然，一个团队、一个企业的发展，有时候就像人的一生，不可能一帆风顺，总会遇到各种各样的难题和危机。当企业或者团队面对突如其来的危机时，管理者不能乱了分寸。身为将帅，一定要有临危不乱、从容应变的魄力，这不仅是一种能力，更是一种智慧。

非常时期，为将帅者定得应对诸多可测或者不可测的变数，这就要求为将帅者要做到招招到位。但不管是出奇制胜、调整战略，还是查漏补缺，前提都需要将帅们临危不乱，只有这样，才能看清危机的实质，理清思路，明确定位，找准策略，从容应变。

第5讲　欲长风破浪，先悬挂云帆
——管理者敢担当才能有作为

作为将帅型人才，有责任心的一个重要表现就是：赢得起，也输得起。也就是说，取得了成绩不自满、不张扬；出了问题，不逃避、不推卸；有了失误，敢于承认、勇于承担。要想让自己的管理生涯前途无阻，领导者必须诚实地面对自己的责任，敢于担当过错。

敢于担当，绝不推卸责任

一个合格的将帅型人才一定要敢于迎难而上，在困难时刻、突发事件、破解难题中挑起责任的担子，展示自己的胆略和魄力。

成功团队中的带头人，往往具备高人一等的素质：心智成熟、理想远大、善于沟通管理。但是，仅具备这些优秀的素养就称得上是成功的将帅了吗？也不尽然，其中最关键的当属管理者的责任心，并懂得如何将责任心化为实际行动，让下属感受到关心、让团队沟通顺畅、让企业迅速成长，源源不断地输出动力，实现团队的目标。

可以说，敢于承担责任是领导身上一种宝贵的美德，也是成功将帅型人才必备的一项素质。

20世纪90年代末期，韩国的三星集团被"大企业大制造"的错误思想引领，渐渐进入了困局。当时，韩国国内的汽车产业已经生产过剩，而三星集团的总裁李健熙却依然在汽车业务上进行了高达数亿美元的投资。

事实果不出人们所料，李健熙建立的三星汽车公司很快就债台高筑，无奈之下，在2000年被迫贱卖出售给雷诺汽车公司。因为这一错误决策，使三星集团遭受了巨大损失，而该决策的制定者李健熙也因此被投资者批评为一个"失败的管理者"。更有韩国舆论一针见血地批评说，三星汽车公司的建立"不仅是个盲目的决策，也是官僚主义管理体制的一次失败"。甚至有一些偏激的观察家指责李健熙担任三星集团的总裁后在若干年内"一事无成"。

在巨大的舆论压力面前，李健熙没有选择逃避，更没有选择争辩，而是勇敢地承担起了责任。为了承担几乎全部投资汽车领域失败的责任，李建熙一次性捐献出20亿韩元的个人财产。当外界闻悉这个公告，人们都惊呆了。投资者们在心里为李健熙竖起了大拇指，原来要等待裁员消息的员工们的眼中也饱含着泪花。《财富》杂志撰文称赞李健熙是"为错误的投资决策承担责任的CEO"。

可以看出，这一敢于担当的做法，不仅没有使李健熙丢面子，反而赢得了投资者及下属的信任与爱戴。

以身作则，承担责任，这是身为一个合格将帅的最基本要求。带头人自身素质过硬，这本身就是一张王牌，往下属们面前一摆，不怒而自威，下属们自然就会效法。这样一来，带领好团队，也就成了水到渠成的事情了。

程松在一家机械厂任生产科科长，他一向个性温和、工作勤奋，和同事们也相处得十分融洽。

有一次，由于客户所要的货物，厂里无法尽快补足，造成产量和销量均不能达到预期的目标。为此，厂长非常生气，在主持生产科会议时，宣布要扣除所有生产科科员当月的奖金。

散会后，程松并没有向厂长解释生产延误的原因，而是诚恳地对厂长说："这一切都不关生产科其他同事的事，是我自己指挥不当才造成的，责任应该由我独自来承担，请扣我个人当月工资和全年奖金作为处罚。"厂长见程松这样说，就同意了他的要求。

本来因为扣奖金一事而心情不愉快的生产科员工们得知这一消息后，表现出来的不仅仅是高兴，更多的则是对科长的感激之情。为此，他们主动要求加班，决心下个月超额完成生产目标。在所有生产科员工的辛勤努力之下，第二个月的产量果然超过了预期目标。这一次，厂长非常高兴，立即宣布加发奖金给生产部门。而作为科长的程松却表示，奖金都应该分给员工，自己分文不取，他对员工说："这些奖金是大家的辛劳所得，是属于大家的。"

看得出，故事中的程松推功揽过，不但赢得了生产科同事的拥护和赞赏，同时也为工厂创造了佳绩。

作为一个领头人，同时作为团队中的一员，当工作中出现了纰漏或者犯了错误，就该像程松一样坦然承认，勇敢地挑起责任的担子，而不应该装出一副若无其事的样子，更不能以各种借口逃避责任、推卸责任。因为这样不仅会给你自己的人格抹黑，同时，你的不负责还会给团队的发展带来负面的影响。

张鹏在一家电子设备厂任设计部主管，他的下属不是从别的公司挖来的优秀设计师，就是从名牌大学毕业的高材生。按理说，拥有这样一批强兵悍将，张鹏的部门应该出类拔萃，备受老板青睐。但是，事实却恰恰相反，设计部成了老板最头痛的部门，为什么会这样呢？

原来，张鹏常缺乏责任心，部门出现问题的时候，他不仅不帮下属解决问题，而且总是第一个逃避，让下属收拾烂摊子。有时，明明是他决策不对，影响部门的工作进度，但当老板怪罪下来时，他就将责任推得一干二净，让下属挨骂。久而久之，部门员工就都不买张鹏的账，工作懒散，没事就请假，即便上班，也是闲聊或睡觉，没有人再踏实工作。

眼看着一大堆工作积压，老板心急如焚。经过调查，他发现问题出现在张鹏身上，深思熟虑后，他将张鹏降职，让在员工中颇有口碑、很有责任心的洪宇担任主管。两个月后，设计部的业绩突飞猛进，为公司创造了可观的利润。

俗话说"火车跑得快，全靠车头带"。一个团队中，领导就是"车头"，像张鹏这样缺乏责任心的领导又怎么能带领团队跑得快呢？受这种不良环境的影响，即使出色的员工，其工作动力也会大打折扣，如此又何谈优良业绩？

一位著名的人力资源专家曾在自己的著作中写道："很多企业的管理者，学历很高，能力较强，但缺乏对企业的责任心，给企业造成了巨大的损失。"上述故事中的张鹏就是如此。他缺乏责任心，遇事就逃避，耽误公司的工作进度，最终引起下属的怨恨和老板的不满，落得个降职的结局。而洪宇则用自己的责任心激发了下属的工作激情，赢得了老板的赞赏和光明的前途。

作为将帅型人才，有责任心的一个重要表现就是：赢得起，也输得起。也就是说，取得了成绩不自满、不张扬；出了问题，不逃避、不推卸；有了失误，敢于承认、勇于承担。正如一家企业的董事长曾说过的："世上所有的优秀管理范例，可能都具备一个共同的，但通常又不太被提及、被关注和被重视的基本起点：管理者的责任心。这是所有优秀管理行为和结果的出发点，是最重要的源头，是成功的动因。管理者的心力，这里暂且称之为责任心，甚至可以被称之为人类文明的动力。"

美国田纳西银行前总经理特里说过："承认错误是一个人最大的力量源泉。"意思就是，正视错误，我们就会得到错误以外的东西，卡特总统的例子就是一个很好的证明。

当年，在营救美国驻伊朗大使馆人质的作战计划失败后，时任美国总统的吉米·卡特马上在电视里发表声明："一切责任在我。"就因为这句话，卡特总统的支持率随即上升了10%以上。

在职场中，一个有能力、有血性的将帅型人才，在遭遇困难局面时，绝不会绕开它。即使面临重大事故时，他们也不会敷衍塞责，将自己撇清。可以说，这样的管理者是下属的主心骨，是公司的中流砥柱。

"大事难事敢担当，逆境顺境看襟度"，坐上将帅的位置，就意味着一种责任，就要培养自己敢于担当、临危不惧的品质。一个合格的将帅型人才一定要敢于迎难而上，在困难时刻、突发事件、破解难题中挑起责任的担子，展示自己的胆略和魄力。这种对下属、对工作、对公司负责的态度也是很多老板非常看重的一个方面。

有这样一个笑话：在载满人的电梯里，老板忍不住放了个屁，大家纷纷捂鼻、皱眉，老板转头盯着身边的助理看，助理满脸无辜地解释道："老板，不是我……"没过几天，助理被辞退了。助理很迷惑，就跑去问老板为什么辞退他，老板不满地说道："'屁'大点儿事都担当不了，留你何用？"

虽然这只是一则幽默，但折射出的一些职场现象却是不容忽视的。老板之所以会器重有责任心、有担当的管理者，原因就是工作方面的能力可以培养。所以在职场中，我们要勇挑重担，这样才能成为老板信赖的员工。

学会为部下撑起"保护伞"

如若领导能为部下揽过，显然是为部下撑起了"保护伞"。管理者在必要的时候的确需要这样做，这样一来，下属一定会心怀感激，全心全意忠于领导。

在职场中，犯错受罚当属正常。正是由于这个原因，使得很多员工在工作的时候有一种战战兢兢、如履薄冰的心理。

而如果他们周围有一个能读懂下属心理的好领导，在他们办事不得力的时候能够站出来，替他们承担责任，做他们的挡箭牌，那么，他们自然会以更为踏实的心态、更出色的表现投入到工作中，而且还会对领导报之以感激、信任和敬佩感情，从而不辜负领导的一片良苦用心。

我们先来看一个历史上的相关案例：

在我国汉代，有一年，一伙儿匈奴人来投降汉朝，当时执政的明帝甚为欢喜，就给尚书仆射钟离意下达命令，让他准备一些绢绸赏给前来的使者。钟离意奉命照办，将赏赐绢绸的数量拟定好之后，交给手下一个很得力的郎官去办理。

可是，那个郎官心里却开了小差，他想："既然人家有意降服于大汉，那我们应该多赏赐一点，那样方能显示我们大汉天子的仁爱之心。"想到这儿，郎官于是就擅自做主，多给了匈奴人一些绢绸。

随后，这件事传到了明帝耳朵里，明帝非但没有因此夸赞这个郎官，反而大发雷霆，下令要对那个自作主张的郎官用酷刑。而此时，钟离意却想到，自己是这件事情的负责人，该承担责任的应该是自己，于是他匆匆觐见皇上，叩头请罪说："人人都难免犯错。这件事本该由我负责，郎官的任务是我委派的，现在出了问题，论罪过也该由我一人承担。郎官做事我一向信得过，他尽职尽责，对国家更是忠心不二，这次犯错也是出于一片好心，想让匈奴感受到大汉天子对他们的仁爱之心。虽然有不当之处，还请皇上从轻发落。请皇上明断！"说完，钟离意就脱下了衣服准备接受惩罚。

见此情景，明帝深为感叹："钟离意这般勇敢，对自己手下人爱护有加，实乃好头领啊！"想到此，明帝心中怨气消了大半，不仅宽恕了钟离意，也饶恕了那位郎官。那位擅作主张的郎官在受到钟离意如此的袒护后，以后做事备加小心，再没出过纰漏。

如若领导能为部下揽过，显然是为部下撑起了"保护伞"。管理者在必要的时候的确需要这样做。

领导能够主动揽过，有助于同下属之间形成相互信任、相互关心、相互谅解、相互支持、配合默契的心理环境，从而给下属以信心、鼓励和宽慰，使其放下思想包袱，敢于放开手脚开展工作，与自己进退一致，为团队的发展、建设形成良好的氛围。

当然，有时候难免会有冷枪，正所谓"明枪易躲，暗箭难防。"很多时候，下属用心工作，却遭小人攻击；下属表现得出色，却引来旁人的嫉妒；下属办事时触动了某些人的利益，却遭他人伺机报复……这些情况常常能让一个原本干劲儿十足、能力出色的下属难以忍受，以至于对人、对事、对团队、对自己失去信心。

而英明的领导这时就要拔刀相助，为下属撑腰，铲除下属前进路上的障碍，给下属一个宽松的工作环境。

李健在一家企业担任秘书，由于他精明干练、勤恳卖力，不但在所在企业上上下下打点周到，就连其他一些关联单位也在李健的努力下与他们企业联系密切。

总经理看在眼里，喜在心上，李健是不可多得之才，自己得好好犒劳犒劳他。不到两年的时间，领导几次破格提拔李健，就这样，李健在公司里显得十分耀眼。

然而，好景不长，公司里开始传出各种不利于李健的谣言，有人说他是总经理的亲戚，也有人说他利用公司为自己拉关系，还有人抱怨给他升值加薪不公平。

俗话说，天下没有不透风的墙。李健本人也听到了这些谣言，他担心谣言再起，就选择尽量少出风头，士气自然也有所下降，工作效率也大不如前了。

谣言同样也传到了总经理的耳朵里，于是他明察暗访，得知有人从中作梗，便在大会上严厉批评这股不正之风，立下"再有无故生事者，立即解雇"的规定。

这样一来，李健又开始回到从前的状态，公司也又有了活力。而公司中其他像李健这样努力工作的人，看到领导能够为下属做主，心里也都有了底，做起事来也更加安心了。

如果领导不敢站出来为下属撑腰，那么必将失去下属的信任，更不利于团队的建设和发展。上面案例中的这位总经理在下属遭遇困境时，能够站出来为下属撑腰，扫除其工作中的障碍，想不赢得人心恐怕都难了。

古语说："责人重而责己轻，弗与同谋共事；功归人而过归己，尽堪救患扶灾。"在错综复杂的社会中，谁也不能保证永远不会犯错。将帅们要以身作则，做好表率，在工作中推功揽过，勇于负责，对下属的失误要容忍宽待。

当然，我们提倡将帅推功揽过，并不是号召大家要一味选择迁就和照顾下属。而是要在坚持原则的前提下，本着有利于团队建设，有利于调动下属积极性和创造性的原则，对下属的付出给予尊重，为下属开展工作创造优良环境，激发他们更大、更强的工作动力。只有内部搞好团结、上下齐心，才能够攻坚克难，为团队建设带来生机与活力。

拒做上传下达的"传声筒"

虽然上传下达是管理者的一项职能,但是,管理者绝不是简单的"传声筒"。

职场中,往往有这样一种管理者:接到任务后,他们不加分析,不予建议,不给指导,直接原封不动地转手给下级,下级完成后,他再转手交给上级。这样的管理者被称之为"传声筒"。

一位下属曾抱怨道:"有些部门坐着的领导多了,站着做事的员工少了,喊号子的一大群,做事的却找不到几个人,那些管理者成了名副其实的'传声筒'。好点的'传声筒'传达得快些,传得准一点,不延迟、不走调。糟糕的是,有些传声筒是很差劲儿的,要么延迟,老板今天发出的声音,他很多天后才传下去;要么走调,老板发出的是一,他传下去的是二;要么干脆不传声,我们不再追问,他就永无下文,真是让人没法工作!"

虽然上传下达是管理者的一项职能,但是,管理者绝不是简单的"传声筒"。当接到老板布置的一项任务或指令时,最容易、最简单做的事就是将这个任务或要求一字不变地传达给下属,当所布置的任务或指令不能按时按要求完成时,管理者就开始责备下属或将责任推给下属。这样的做法固然会让自己肩上的担子轻一些,但久而久之,必将导致管理者与下属之间的矛盾和冲突越来越大,越来越严重,最终一发不可收拾。

康庆是一家食品公司的业务主管，手下有十几个员工。康庆工作努力，对下属很亲和，总是不时地给下属一些关怀和照顾。按理说，这样的主管应该很受大家喜欢。但事实不是如此，很多下属都在背地里抱怨他。这是为什么呢？

原来，康庆有一个最大的缺点：他对自己的直属领导言听计从，领导安排什么，他就马上对下属照本宣科。如果下属提出异议，他就马上说："王总说了，就这样执行。你照吩咐做了，出了差错领导不会怪你，你如果不这样做，出了问题你得自己担着。"下属一听，觉得他说得有道理，就开始认真执行。但时间一长，下属有了不明白的地方，也不再问他，而是越过他直接请示王总，因为大家知道跟他说了也没有用，还得去请示王总。

最近一段时间，康庆还遇到了更加心烦的事情：他手下的几个下属竟然直接顶撞他，公然不听从他的指挥，他原来就想将这几个人辞退，但碍于情面，就一直没有这样做，没想到他们愈演愈烈，居然开始"造反"。不仅如此，在这几个"刺头"的煽动下，他被冠以"无能主管"的称号，并在公司渐渐传播开来，其他原本听话的下属也不拿他当回事了。康庆非常郁闷，不知自己到底错在哪里。

一个团队管理者的最失败之处莫过于做"传声筒"，上头刚做一个决定，他便对下属发号施令，自己没有任何思想和领会，这样的管理者往往会得到和康庆一样的结局：被下属看不起，而下属"造反"，不听从他的指挥也是必然的事情。

其实，不仅下属讨厌"传声筒"，领导也不喜欢只会机械地上传下达的下属。一位职场专家指出："你对上级领导越是唯唯诺诺、言听计从，领导就越是对你不敢撒手；相反，你对一件事情的处理越有主见，领导就越敢对你放权让你独当一面而自己不再插手，因为高明的领导培养下属，永远是想让下属给自己分担大量的事务和工作，而不是自己事必躬亲。"

作为团队带头人，在管理工作时，不要将自己当成"传声筒"，做低效的管理者，这样就会上不受领导待见，下不招员工喜欢。接到上级所布置的工作或指令时，不要急着向下属传达，要仔细考虑一下："我怎样才能把这项任务往下传达得更好，让员工更容易理解。"然后根据任务的性质，结合本部门的实际情况，特别是下属的理解能力和工作水平，采取有效的、乐于被下属接受的传达方式布置任务。这样，下属就会欣然接受任务，并高效执行。时间一长，下属就会觉得自己的部门领导是一个有主见、有想法的领导，自动地将其当成主心骨，愿意听从其调遣。

第6讲　欲展鸿鹄志，先学审时度势
——管理者抓机遇才能促成功

很多时候，机遇一晃而过，如果不马上抓住，就会轻易地失去，对于个人和团队来讲都是损失。所以说，果断是一个将帅、一个团队成功的必备要素。真正优秀的将帅型人才，往往能够在机遇到来的时候，果断抓住，从而带领他的团队先人一步获得成功。

学会审时度势，抢抓机遇

机遇来到身边时，一定要及时抓住，同时更不要放过每一次做有意义的事情的机会，这样才能有更多的机会抓住机遇，使自己的人生更加美好。

常常有人抱怨命运的不公，因为他看到自己周围有的人成功了，而自己却还在原点。其实，任何人的命运都不是从一开始就注定的，只是在之后更长的时日里，人们对待它的方式不同而导致了不同的结果。成功和失败都揭示了一条亘古不变的法则：命运是由自己创造的。对这句话，我们可以理解为，在同样的事情和机遇面前，有的人善于把握，从而能成大事，而有的人优柔寡断，也就丧失了机遇，这样的人又何谈成功呢？

可以说，果断是成功的必备要素。我们所处的工作环境纷繁复杂，会遇到来自方方面面的干扰，这就需要具备当机立断的魄力。真正优秀的将帅，往往能够选择合适的时间、地点，做最合适的事情，于是他们获得了成功。

世界首富、微软公司的创立者比尔·盖茨是当之无愧的把握时机的高手。

在哈佛大学刚读完大一的那个暑假，盖茨来到了哈尼维尔公司工作。此间，盖茨和他的好朋友艾伦就注意到电脑市场正在发生一场显著的变化。

这两个聪明的年轻人发现，电脑正在朝微型化、个人化发展，应该过不了多久，电脑就会有进入千家万户的趋势，成为很多人都可以操作的一部常用机器。可是由于盖茨的父母不同意儿子这么早就搞科研，盖茨不得不放弃马上退学的打算，继续留在学校学习，而艾伦仍留在哈尼维尔公司。

后来有一天，艾伦从杂志上看到新微电脑装备——MITS阿尔它(Altair) 8080号"牛郎星8080"的照片，文字介绍说这是世界上第一台微型计算机，可与商用型号相匹敌。MITS是新墨西哥州的一家公司，创始人是艾德·罗伯茨。

看到这个消息，艾伦非常激动，他马上买了一本杂志，找到盖茨，并努力说服盖茨一起给这台机器开发一种程序语言。听后，盖茨也很清楚，这必将是电脑界的一次革命，它将改变这个世界。

怀着同样激动的心情，盖茨决定和艾伦一起向目标进发。于是，这两个对计算机充满着狂热兴趣的年轻人，开始在哈佛大学的计算机中心，使用那里的设备，废寝忘食地干了近两个月的时间，终于开发出一种简单的编程语言——BASIC 语言。

之后，盖茨和艾伦共同创立了软件公司——微软，这是他们计划已久的事业。随之，他们开始在新墨西哥州的坎布里奇营业。

这个时候，盖茨再次说服父母要求退学，可是父母依然反对，他的母亲还专门请来当地一位靠自己白手起家的千万富翁给盖茨做工作。这一次，盖茨不想再屈从父母的意思了，他振振有词地辩解说，个人电脑时代已经到来，这正是他大展宏图的好机会。

在听完这个热血青年对未来蓝图一番激动而又绘声绘色的描绘后，这位千万富翁被打动了。他开始相信，这将是个有一番作为的青年。他由衷地说："任何一个对电子学略有所知的人，都应该明白这确实存在，并且新纪元确已开始。"听了这话，盖茨更是下定决心。这下，反过来该是千万富翁说服盖茨的父母了。最终，盖茨的父母表示同意儿子的选择。

于是，盖茨向哈佛大学请假，到新墨西哥州与艾伦会合。一个多月后，微软与罗伯茨签署了协议，协议内容写道：允许MITS在全球范围内使用和转让BASIC语言及源代码，包括第三方。此后，在盖茨的带领下，微软公司向着一个又一个目标开进，最终成为了IT界独领风骚的企业，而盖茨本人也成了世界首富。

有这么一句话："最难的是自知，知道自己什么能做，什么不能做；谁要是有这样的自知之明，就绝对不会陷入困境。"比尔·盖茨正是凭借自己超人的禀赋，与电脑结下了不解之缘，并把握住时机，一鸣惊人。

所以，时机的选择就是要求我们能够在正确的时间当机立断。说到这儿，我们来看一个寓言故事。

一个懒人靠在路边的一块大石头上，眯缝着眼睛，享受着阳光的沐浴。

正在这时，从远处走来一个怪物，它浑身散发着七彩光芒，身上长着七八条腿，走起路来速度很快。

怪物看到懒人，便问："喂！你在做什么？"

懒人回答："我在这儿等待时机。"

"等待时机？那你知道时机长什么样子吗？"怪物问道。

"我不知道，可是，我听说过时机是个神奇无比的东西，只要它来到你身边，你就可以交好运，可以当官、发财，或者娶个美丽的媳妇……反正，时机无所不能，棒极了。"

"可是，你连时机长什么样都不知道，还怎么等它呢？你不妨跟我走吧，让我带着你去做几件比这个有意义的事情。"怪物说着就要来拉他。

"我才不跟你去呢，休想欺骗我，你还是该干什么干什么去吧，我要继续等待时机的到来。"懒人不耐烦地搡那怪物。

怪物摇摇头，叹息着离开了。

这时，一位银发苍苍的老者来到懒汉面前问道："你怎么不抓住它呢？"

懒汉不屑一顾地回道："我抓它干什么啊，它算什么东西？"

"它就是时机呀！"老汉说道。

"啊！它就是时机？！可是我已经把它搡走了！"懒人后悔不迭，急忙站起身呼喊时机，希望它能返回来。

"别喊了，喊也没用的。"银发老人说，"我来告诉你时机身上的秘密吧。它是个无法捉摸的家伙，当你专心等待它的到来时，它可能迟迟不来；倘若你不留心时，它可能一下子来到你面前；见不到它的时候，你会时时刻刻想着它；见到它的时候，你又无法辨认它。如果在它经过时，你没有牢牢将它抓住，那么它将永远不会回头，你也就永远错过了它。"

懒人一听，心想，这可完了，他懊丧地对老者说："这可怎么办呀，我这一辈子不就失去时机了吗？"

"也不见得呀，"老人继续说，"我再来告诉你一个关于时机的秘密。实际上，属于你的时机不止这一个。"

"不止一个？"懒人惊奇地问。

"是的。这个时机失去了，还会有下一个。不过，时机很难是自然走来的，而是需要人来创造的。"

"你说什么？时机还可以创造？"

"没错。你刚刚错过的那个时机，就是我为你创造的一个，可惜你把它放跑了。"

"噢，如果是这样，那简直太好了，那么，请您再为我创造一些时机吧！"懒人说。

"这次不能给你创造了。以后的时机，只有靠你自己创造了。"

"可是我自己不会创造时机呀。"懒人为难地说。

"那么，请你现在就听我的。先站起来，不要等待，而是要放开脚步朝前走，遇到你能做的有意义的事，就马上去做。这样，你就已经学会了创造时机。"

懒人听完老者的话，似有所悟，马上站起来向前方走去。

这个故事旨在告诫人们，当时机来到身边时，一定要及时抓住，同时更不要放过每一次做有意义的事情的机会，这样才能有更多的机会抓住时机，使自己的人生更加美好。

其实，为将帅者，更应该具备这一素质。在某种意义上，时机就是一笔巨大的财富。在投资或推出新产品时，要审时度势，选择最佳时机，从而获得最大收益。

最后，有必要提醒的是，在追求事业前进的道路上，不必太过追求完美，否则很可能会因为对于细枝末节的高标准与严要求，导致时机白白流失。在我们周遭，常常会发现这样一些人，他们虽然才智过人，也非常勤奋，但是很少看见他们有出色的成绩。其中，有很大一部分原因就是他们有完美主义倾向。

不管身为领导还是员工，如果遇到事情总会考虑得很完美之后再付诸行动，那么，很可能会失去很多机会，而且也会降低工作效率。那么正确的做法是什么呢？正确的做法应该是：对于一些细枝末节的小事情，一定要学会妥协。当然，我们在这里所说的妥协，是在追求、苛求完美过程中的妥协。妥协并不是没有原则的，关键是要把握好妥协的尺度，如果因为妥协而偏离了最终的目的，那就太得不偿失了。要知道，适当地妥协是为了实现更理想的效果，于事物本身而言，妥协是一项积极的举措，而绝非消极的行为。总之，在条件达到一定程度的时候，我们就要动手去做，把握先机。只有这样，我们才更有可能取得成功。

等待时机，一鸣惊人

要想让机遇垂青自己，就必须要让自己从点滴做起，把手上的工作完成得漂亮。这样，才能引起领导的注意，获得领导的赏识。

我们常说，机遇只留给那些有准备的人。换句话说，时机到来之前的努力是必不可少的，正所谓天下没有免费的午餐，天上不会掉馅儿饼。

行走于职场，我们大多会听到类似这样的声音：

工作几年了，我连部门主管都没做上，我不是没努力啊，可怎么总是那么倒霉，一点儿好机会也遇不到？

上学时大刚比我差远了，可毕业后人家事事顺心，什么好事都让他给碰上了；

我是个天生运气差的人，这辈子恐怕没什么指望了；

我们部门的小王，要学历没学历，要能力没能力，凭什么提升他当经理啊？

……

以上种种，无不是在抱怨机遇从不垂青自己，让自己始终处于小兵小卒的行列。殊不知，我们不是磁铁，机会也不是铁器，它当然不会被自动吸过来，但是我们都有聪明的头脑，有可以奔跑的双腿，只要我们积极主动地去寻找它，那么机会就有可能落到我们的头上。

仔细分析来看，产生这样想法的职场人士有着某种基本的特性：在刚开始进入职场时，他们豪情万丈；但当参加工作久了之后，却失去了原本鲜明的棱角和个性。

其实，职场就好比一个旋涡，是沉是浮取决于心态是主动的、积极的，还是被动的、消极的。要想在职场中生存发展，就要时刻保持积极的状态，认真学习，努力工作，让自己不断积累、不断进步，这样等机遇到来的时候，才能一蹴而就，牢牢抓住。

这一点从下面这个故事主人公林白的身上可以清晰地看出。

20世纪20年代末期，美国飞行家林白首次单独不着陆横越了大西洋，创造了人类飞行史上的奇迹。

或许外界不清楚的是，在起飞的前一夜，林白度过的是一个不眠的夜晚。

林白驾驶着一家单引擎飞机从纽约长岛起飞了，目的地是法国的巴黎。由于机舱里装满了汽油桶，使得林白连坐的地方都没有，而且由于汽油的重量使飞机负荷太重，在从纽约飞往巴黎的途中，想空降那是不可能的。

一路上，大雾遮住了林白的视线，而当时根本没有无线电让他和地面保持联系，他所拥有的，只是一个指南针。

然而，就是这次如今看来令人惊心动魄的航行，居然在起飞33个小时后横越过大西洋，在巴黎机场安全降落了。得知消息的人们欢声雷动，为林白骄傲，为人类的飞行骄傲。

但是，众人所不知道的是，为了这次飞行，多年来，林白一直在做着准备工作，不断地训练自己。

当初，从威斯康星大学退学后，林白就开始学习飞行，并加入了飞行训练队。之后，他得到空军批准，可以在闲余时间进行飞行。就是这样，林白练就了过硬的飞行技术，他可以坚持在白天黑夜、晴天雨天都飞行。几年下来，林白的飞行行程多达几万英里。当然，林白也曾遇到过险情，但凭借着驾驶飞机的丰富经验，最终使飞机迫降在农田里，人机平安。此外，多年的飞行和勤奋钻研，让林白学会了修理飞机引擎并懂得每个零件的工作原理。

可见，林白的成功绝非是偶然因素所致，也绝非命运之神垂青于他，而是因为在冒险之前，他就尽了最大努力去准备。如果没有充分的准备，单凭运气和侥幸心理，是很难创造奇迹的。

任何成功的将帅都会明白，什么事情都要自己努力争取，并且要为自己的行为做充分的准备。没有人能保证你成功，只有自己；也没有人能阻挠你成功，只有自己。

我们经常会发现，那些看上去一夜成名的人，其实在他们成名之前，就早已默默无闻地努力了很长一段时间。正所谓"台上一分钟，台下十年功"，其实成功也是这样，它是一个人不断努力的累积，不论何种行业，要想攀上顶峰，通常都需要漫长时间内一点一滴的努力。

我们来看一个现代职场中的故事。

从一所普通高校毕业后，敖燕来到一家电子公司做行政部的文员。然而，令人想不到的是，长相平平、专业优势并不明显的她在短短的三年时间里，就从一个小职员迅速地做到销售部经理。

由于敖燕的"飞跃"式发展，使得公司的同事们对她刮目相看。于是关于她升职如此之快的传闻在整个公司弥漫开来，有的人说敖燕和公司的某个领导是亲戚，更有大多数人说熬燕运气好，一般人可碰不到。其实，只有熬燕自己知道，她的好运气是怎么"砸"到她的头上的。

在熬燕的公司里，不乏能言善辩、八面玲珑的人。因此，本来就毫不起眼的熬燕就更不能引起他人的注意了。但是，她总是任劳任怨、勤勤恳恳地做着自己的工作，而且还适时地给同事们帮忙。每次领导交代的任务，熬燕也都能够及时完成。有时候，还会有同事因为这样那样的原因把麻烦的工作推掉，熬燕却总是"傻乎乎"地接过来，而且在业余时间，她还试着了解其他部门的工作流程和客户信息等情况。

有一次，市场部负责人牛经理经过行政部办公室的时候，发现熬燕正在处理一件小事，事情虽小但是她却处理得得体而仔细，牛经理很欣赏她的工作作风，经过跟她沟通，希望把她调去自己的部门工作，熬燕欣然答应。

进入市场部后，熬燕令所有人都觉得诧异，一个曾经坐办公室的姑娘居然对市场了如指掌。半年后，她的几份扎实的调查分析报告，更是令人对她刮目相看。一年后，她已经是市场部公认的举足轻重的人物了，看到她在会议上气定神闲、无懈可击的发言，原来行政部的同事更为惊讶。

一天，老板请熬燕到自己的办公室，问她愿意不愿接受挑战去情况不景气的销售部工作，没想到熬燕一口答应了下来，当时有同事听说后都觉得她傻，好好的工作不干，偏偏接那个烂摊子，但是熬燕不这么认为，她觉得只要努力，她就会把工作做好。

熬燕首先选择了库存积压最厉害的北方公司，开始了她工作的第一步。在大雪纷飞的冬天，她一个人借了一辆自行车，找代理公司产品的代理商了解产品滞销的原因。几个月后，情况就有了明显的改善。

因为熬燕的业绩突出，她很快被调到大客户部。有一次，她遇到一个大客户是一家电器公司的老总。她在办公室无意中听到一位同事和这个客户讲电话，谈论第二天的会议。得知自己的客户也将出席这个会议后，熬燕立即查到了会议地点，第二天一大早就来到了那里等待那位老总。那位老总到达后，熬燕并不直接告知对方她来的目的，而是很自然地和他聊了起来，之后他们一起吃饭，同时，她还认识了更多的人。结果不久后，熬燕做的第一个大单子就出现在了这些人中间。

可见，要想让机遇垂青自己，就必须要让自己从点滴做起，把手上的工作完成得漂亮。这样才能引起领导的注意和赏识。在此基础上，敢于在机遇来临的时候主动出击，那么就定能在职场中闯出一片新天地。

总而言之，认真又勤奋地工作是获得机会的必要条件，机会不会花费力气浪费在那些懒惰的人身上，机会是一种想法和观念，它存在于那些认清机会的人心中，存在于那些勤奋的人手中。因此，我们不必去询问领导自己有没有机会获得晋升，而应该去问那个最清楚的人——自己。

一个聪明的人，不但善于在平常的工作中寻找机会，而且还能将危机转化为自己的机会，坏事也能变好事。其实，当工作中出现了困难，只要我们处理得当，敢于承担责任，困难就会转化为机会。

成功来自高效的执行力

成功有时需要的并不是什么新方法，也不是什么出奇制胜，而只是需要你增强自身的执行力，把所有计划、设想或者制度认真地贯彻下去。

不管是为将帅者，还是普通员工，执行都是职场人士必不可少的一项重要能力。只有执行好了，团队才能带好，工作才能做好。执行能力的强弱将直接关系到一个人、一个团队的业绩好坏，进而关系到整个企业发展的进程。

一位资深经理人认为，一个企业若想取得成功，就一定要有成功的商业模式、成功的市场机遇以及团队的执行力，它们依次占到两成、三成、五成。

然而，我们却常常发现有这样一些人，甚至有这样一些管理者，他们有远大的抱负，想法也是推陈出新，说起来头头是道，可是并没有通过行动表现出来；有的人总是有着听起来很美的计划和打算，却迟迟没见他有什么行动……总之，有太多事情，因为缺乏行动而没有下文，令人很遗憾。

有一家民营企业，因为经营不善，濒临倒闭。走投无路的老板不得不请来一位德国管理专家，希望专家能改善企业的经营管理体系，拯救处于危机中的企业。

德国专家考察完公司上下的情况后，公司员工都以为他会针对公司的情况制定出一套全新的管理方法。然而，就在大家期盼公司能够因为专家的推陈出新而起死回生时，专家却宣布了一个令大家都很纳闷的消息，专家不仅没有制定新制度，而且要求公司上下按以前一样运作，人员、设备、制度等都原封不动。

专家作出的唯一一个变动就是要求公司员工增强执行力，坚定不移、不折不扣地贯彻落实公司的一切制度。

起初，企业老板对专家的提议能够带来的效果半信半疑，但是结果却让老板惊喜万分，专家这个"绝招"使濒临破产的企业在一年内扭亏为盈，反败为胜。

从这家企业的沉浮中，我们可以看出，再完美的经营管理制度，如果没有得以有效执行，那也只能是一纸空文。所以说，成功有时需要的并不是什么新方法，也不是什么出奇制胜，而只是需要你增强自身的执行力，把所有计划、设想或者制度认真地贯彻下去。

孙子是春秋时期著名的军事家。有一天，吴王想考一下孙子，便问孙子道："你能把任何人都训练成一支优秀的军队吗？"

孙子听后，毫不犹豫地回答道："没问题！"

吴王听后，便指着门前的一些官女说："照你这么说，你也能把这群官女训练成军队？"

孙子胸有成竹地笑道："只要您能给我这个权力，我就能够做到。"

"好，我赋予你这个权力，但是只给你三个时辰。"吴王向孙子承诺。

在训练场上，这些从来没受过军事训练的宫女一点都不懂规矩，闹作一团，没有一个人把这次训练当回事，更没有人去认真对待。吴王看到这种混乱的场面后，觉得很有趣儿，于是便把他的两个宠妃也叫了过来，并让她们担任两队宫女的队长。

训练开始了，孙子大声说道："停止喧哗，大家排成左右两队。"

宫女们显然不把这个"教官"放在眼里，她们装作没听见，继续在原地你推我搡。

见到这一混乱的场景，孙子并没有恼怒，他继续说道："这是第一次，你们不明白纪律和命令，是我的过错，现在我第二次要求你们列队。"

然而，宫女们还是没有反应，依旧在原地打闹。这时，孙子又重复道："第二次还是不明白，也许还是我的问题，现在我第三次要求你们列队，左右各列一队。"

第三次说完后，宫女们依旧没有照做，孙子的脸沉了下来，他严肃地说道："第一次大家没听明白，是我的错误；第二次，还是我的错；但是，第三次没听明白就是你们的问题。来人，把那两个队长带到一边，立刻斩首。"

因为手握军权，孙子的命令大如山，就算是吴王的宠妃，也不能幸免。

看到孙子是来真的后，所有的宫女都肃然而立，不敢再怠慢。不到三个时辰，由宫女组成的军队便被训练得服服帖帖。

从这个事例中我们可以看出，态度决定了人的执行力度，而成功则必然来自于高效的执行力。

我们在这里所说的高效执行力，并不在于工作经验或者学识深浅，而是依靠管理者高度的威慑力和控制力，使团队成员能够一丝不苟地贯彻落实。

目前，大多数企业管理者都已经开始关注团队的执行力，但普遍处在一个比较初级的阶段。所以必须重视团队内部的执行力，重视团队的管理，重视团队中人才的培养，这才能更好地提升团队的核心竞争力，才能使团队乃至整个企业在竞争环境下立于不败之地。

在一次以"关于中国企业的成长路径"为主题的中国经济增长论坛上，一位与会经理人指出，中国企业的发展必须着力提升核心竞争力，尤其要在加强企业执行力上寻求突破。

这位经理人表示，作为一个团队带头人，可以不必像专家们那样去追求宏观经济管理理念，但是却要做一个管理的艺术家，这就体现在执行力方面。对此，这位经理人认为，看一个管理者的执行力是不是到一定的层面，我们最好从纪律、速度和细节这三个层面来判断。

首先，我们来看纪律。纪律是企业里面执行力当中最重要的环节。衡量一个企业有没有执行力，关键在于企业里面是否有这么一个纪律，一旦管理者对某一项工作做出了决策，是否能够把指令传达到每一个员工的耳朵里。所以说，纪律是执行力非常重要的环节。作为带兵打仗的将帅，如果只要通过你的一个声音、你在大会上的一个演讲，就可以把团队中的每一个员工都调到一个方向上，这样团队就可以朝着一个方向走。显然，这正是执行力所涵盖的"中心思想"。如果一个团队管理者没有这个能力号召下属，那么这样的团队就很难有很好的执行力。因为下属对领导没有一种认同的姿态。不管是做人，还是做事，如果下属认为从领导嘴里讲出来的话是没有信用的，那么这时候管理者提出来的话就会没人执行。在这种情况下，团队不可能朝一个方向执行。

其次，衡量执行力的强弱还要看速度的快慢，这也是个非常重要的环节。执行力归根到底就是一个速度问题，一件事让甲团队做花五天，但是乙公司需要花半个月。虽然做的质量不相上下，但是中间的差别却不容小觑，因为现在人们讲的是效率，同样的工作当然都希望完成的速度快一些。所以说，要想让团队有更好的执行力，速度是很关键的。

最后一点就是细节。我们大多数人都有这样的认识，那就是德国、美国的车比中国的车要好一些，卖的价格也高一些。其实，这多是因为他们注重细节的问题。因为细节是执行力的差距所在，它影响了很多人在事业上的发展，一个团队、一家企业更是这样。

总而言之，决策再正确，计划再严谨，梦想再伟大，蓝图再宏伟，如果缺乏严格、高效的执行力，那么最终的结果都会和我们的预期相差甚远，甚至南辕北辙，不是摘得成功的桂冠，而是落入万劫不复的深渊。可以说，一个企业没有执行力就没有竞争力，一个管理者没有执行力就带不好团队，一个员工没有执行力就会被企业淘汰。

作为领头人，要想让团队有好的执行力，那么管理者首先要以身作则，率先垂范。

我们都知道，在团队内部，领导者的坚强有力是整个团队高效执行的前提，在一定程度上，下属执行力的强弱是团队领导执行力的真实反映。

不难想象，为将帅者都是企业的决策者和目标的制定者。如果他们只是把执行力当成一个口号在会上喊、往纸上写、往墙上贴，而不落实在行动上，长此以往，员工就会耳濡目染地接受这种华而不实的作风，执行力就成了纸上谈兵。

俗话讲：火车跑得快，全靠车头带。身教重于言传，行动胜过语言，要求下属做到的,将帅们自己必须率先做到,规定下属遵守的,将帅们必须带头遵守,这样才能培养出员工诚实守信的品格和执行有力的作风,使执行力成为企业的自觉行动。

第7讲　欲纳百川流，先使心似海
——管理者知宽容才能成大业

"人非圣贤，孰能无过"，当下属在工作中出现过失和失误时，管理者要有容人的度量，要做到"贤而能下，刚而能忍"。只有领导者具备海纳百川的胸怀，才能带出一个极具战斗力和凝聚力的团队，才能带领团队披荆斩棘，不畏风雨，攀上成功的巅峰。

海纳百川，有容乃大

"以怨恨回报怨恨，怨恨就没有尽头；以德行回报怨恨，怨恨就顿时消失。"这是处世的准则，也是做领导的宝典。

火热的太阳和呼呼的北风打赌，看谁能先让行人把大衣脱去。于是，太阳加大自己的照射强度，很轻易地就让行人脱掉了大衣；而北风却使劲儿地吹，试图让行人脱掉大衣，可是行人反而把衣服裹得更紧了。

通过这个故事我们可以得到这样一个道理：身为将帅，要用温暖去感化自己的部属；如果一味地逼迫压制，会使人产生极强的心理压力。

换言之，要做好一个领导，就要有一个宽大的胸怀。在与部属相处的过程中，要开阔胸襟，真心实意。人与人相处，总要有一方先打开胸襟，这样，矛盾就容易化解，隔膜也就不存在了。

春秋时期，齐国排在"春秋五霸"之首。齐国之所以取得如此大的成就，很大程度上取决于相国管仲对齐桓公的辅佐。但是，在关于王位继承的问题上，管仲因和齐桓公意见相左而发生争执，并且还预谋要刺杀齐桓公。因此，当齐桓公即位后，想惩罚管仲，但是鲍叔牙却劝他说，"大王若想称霸天下，就得起用管仲，立管仲为相。"

齐桓公最终听取了鲍叔牙的建议，立管仲为相。管仲为了报答齐桓公的知遇之恩，一展自己在政治的才华，不但使齐国兵强国盛，而且使齐桓公得以称霸天下。

试想，假如齐桓公没有宽宏的度量，而是和管仲坚决作对的话，或许就不会有日后的成就。正是他包容管仲，任贤而不避仇，并将政治实权交给管仲，这一开明的做法为他带来了日后的大业。

身为现代企业的管理者也一样，在一起为事业打拼的同事或者部属中，难免会发生矛盾，如果因此在心里产生仇恨，那么对将来的工作和人际关系势必产生不利影响。所以，一个成功的将帅必须能够不受细节或感情的束缚，拥有大气的胸怀和度量。

唐代有两大名将，一个叫郭子仪，一个是李光弼。这二人共同效力于一位节度使，但二人水火不相容，长期不和。

受上级委派，节度使外调，郭子仪因才华出众而被任命为节度使。这下，李光弼可吓坏了，他担心郭子仪公报私仇，就打算悄悄地带兵逃走，可又有点犹豫不决，就没有立即离开。随后，发生了安禄山、史思明发动的叛乱，郭子仪受命领兵讨伐。

这时候，李光弼考虑到自己身为大将，此时正是为国效力的时刻，该把个人的恩怨放置一旁，以国事为重。于是，李光弼找到郭子仪说："我们虽共事一君，但形同仇敌，如今你大权在握，我是死是活，你看着办吧！但恳请放过我的妻儿。"

这时，营帐内的空气似乎要凝固了，众将领们均不知所措。在这种情形下，如果郭子仪感情用事，后果不堪设想。但出乎所有人的意料，郭子仪表现出了令人敬佩的大将风度，他握着李光弼的手，眼含热泪地说："国难当头，皇上不理朝政，作为臣子，我们怎能以私人恩怨为重，而置国家安危存亡于不顾呢？"说完倒地便拜。

见郭子仪这番表示，李光弼深为感动。在接下来的战斗中，李光弼积极出谋划策，打败了叛军。

后来，李光弼和郭子仪的权力日益增大，两个人同居将相之职，但二人之间再没有半点猜疑忌妒之心。

这个故事让我们看到了郭子仪虚怀若谷、宽广能恕的气魄，就像廉颇与蔺相如的关系一样，郭子仪与李光弼的友谊也传为千古佳话。

惠普大中华区前总裁孙振耀先生在一篇文章中写过这样一句经典之言："好领导要有宽广的心胸，如果一个领导每天都发脾气，那几乎可以肯定他不是个心胸宽广的人，能发脾气的时候却不发脾气，多半是非常厉害的领导。"

无数事实证明了这一点，一个优秀的管理者最忌讳的就是心胸狭隘，只有管理者胸纳百川，创造和谐、宽松的竞争环境，才能带领一个极具战斗力和凝聚力的团队披荆斩棘，不畏艰险，才能使团队、企业走上又好又快的发展轨道。

能容人之过，才能成己之美

宽容是管理者容人之过的一种胸襟。身为将帅，一定要有宽广的胸襟，宽容地对待下属。

《尚书》中说：一个人有包容的雅量，他的德行就是伟大的。身为将帅，只有做到容人之所不能容，忍人之所不能忍，恕人之所不能恕，忘人之所不能忘，才能管人之所不能管，成人之所不能成。

一个将帅的品格高不高，首先就要看他对员工是否宽容。如果用以德报德、以怨报怨、以牙还牙的方式对待下属，那么自然会有失领导的风度。

作为一名团队带头人，要有管理者的风范和修养，即博大的胸怀、雍容的气度，可以听得进下属的反对意见，容得下员工的短处和缺点，用古语说，就是可以容众纳谏。这样，管理者才能与自己的职位相匹配。

据史书记载，宋太宗是一位宽容的君主，他曾非常大度地包容了两位大臣的冒犯。

有一天，殿前都虞侯孔守正和另一位大臣王荣，一起陪宋太宗喝酒。几巡酒下来，孔守正就喝得酩酊大醉，借着酒意，他和王荣开始争论起征战边关时，谁的功劳最大。两个人越说情绪越激动，完全不顾及旁人的感受，视宋太宗为隐形人。

一旁的侍臣觉得两个人的行为有失大体，实在太过分了，就奏请宋太宗，将两人抓起来，送到吏部去治罪。宋太宗笑了笑，说道："算了，他们也是喝得太醉，无心冒犯我。你找人好好照顾他们，酒席结束后，将他们送回各自的府上。我有些累了，先回寝宫了。"

第二天，孔守正和王荣酒醒之后，从侍臣口中得知了昨天酒后的鲁莽行为，两个人心惊胆战，一起赶到金銮殿向皇上请罪。一番忏悔后，他们等待皇上的严惩。

但让他们惊讶的是，宋太宗一脸茫然地说道："昨天朕也喝醉了，发生过什么事，朕完全没有印象。要是没有别的事情，你们就退下吧。"他们走后，侍臣疑惑地问宋太宗："皇上，您昨天明明很清醒，为什么说自己也喝醉了呢？"宋太宗意味深长地说道："编个喝醉了的理由，对他们的冒犯不加追究，既没有丢失朝廷的面子，又能让两位大臣警觉自己的言行，能达到惩前毖后的作用也就够了。"侍臣听后，连连称赞："皇上英明！皇上大度！"

宽容是管理者容人之过的一种胸襟。"人非圣贤，孰能无过"，对下属的过失与冒犯的处理方法，足可以区分一个管理者是优秀还是平庸：前者往往会坦然面对、一笑了之，以宽广的胸襟原谅下属的错误，并给予其改过的机会；后者则会大发雷霆、斤斤计较，并施以惩罚。大量事实证明，前者的做法得到的好处更多，管理者宽容下属的过失，换来的将是他们的真心改过和赤胆忠心。

当然，我们不否认，每一个管理者都希望下属少犯错误，将工作做得完美一些。但人无完人，当下属出现了失误时，管理者能在指出问题的同时，要多一些宽容。从某种意义上说，这是一种很有效的管理手段，它既能体现领导对下属的理解和关怀，又能赢得下属对领导的尊重，从而加倍努力工作来回馈领导的宽容。

　　王飞是一家公司策划部的员工，他思维很活跃，创意层出不穷，做出的策划案让客户很满意。但是，他有一个缺点，就是酗酒，一喝起酒来就把工作抛到脑后。因为这个毛病，他给公司造成了很大的损失。

　　那天晚上，大家加班赶一个策划案。正在研究调查报告的刘凯发现一个数据有问题，需要核实，而王飞就是这个报告的负责人。刘凯赶紧问王飞，这个数据是否准确。王飞晚饭时和别的同事喝了一些酒，头脑非常不清晰，他看了一眼报告，说道："准确，没有问题。"刘凯有点不放心，说道："你还是在电脑上核查一下吧，这个数据要是错了，会损失很多钱的。"王飞不耐烦地说："我说准确就准确，我又不是第一天做这个工作，你别质疑我的工作能力。"刘凯听后，没有再言语。几分钟后，王飞就趴在桌上呼呼大睡了。

　　第二天一早，他在一片嘈杂声中醒来，只见办公室乱成一片。他刚想打探情况，刘凯就匆匆走来，焦急地说道："你这回可惹大祸了，你报告上的那个数据是错误的，主管昨晚按那个数据审核的策划案，然后发给客户。客户一看就火了，说我们对待工作不认真，要取消合作，让我们退还定金。这可是个大客户，他要是不跟我们合作，公司就要损失一大笔钱，主管现在都急疯了，正在和客户沟通，还让我们马上设计出新方案，争取留住客户。"王飞听后，脑袋嗡嗡作响，一种悔恨之情油然而生。他经过主管办公室时，从主管焦虑的神色中感到了一种不祥之意。他想："这次错误犯大了，得卷行李回家了。"

经过一番努力，客户决定再给公司一次机会，大家都松了一口气。主管将王飞狠狠地批评了一顿，当即做出处罚决定：让他辞职走人。虽然这个处罚已经在他的意料之中，但当真的听到这个消息的时候，他的心中还是一震。他对主管说，自己真的非常喜欢这份工作，希望主管可以原谅他，再给他一次机会。主管看了看他，思忖片刻后，答应了他的请求。

从那以后，王飞戒了酒，工作非常努力，无论大事小事，他都表现出极强的责任心，业绩十分出色。两年后，他成为了策划部的经理，他负责的几项策划案，还得了大奖。忆起当年的往事，他十分感慨地说：“主管对我的宽容，改变了我的一生。从那件事以后，无论做什么，我首先想到就是做事要对得起领导，对得起公司，绝不能因为我的过失给同事、领导和公司带来损失和麻烦。”

看完上述事例，我们在觉得王飞是个幸运儿的同时，更不得不佩服他的领导宽宏大量的胸襟。如果王飞的主管当初坚决让他离开公司，虽说对于工作本身来讲也无可厚非，但可能就无法让王飞得到如此大的转变，自己也将失去一个好的助手和工作伙伴。

英国有句谚语：“世上没有不生杂草的花园。”意思是人人皆会犯错。身为将帅，一定要有宽广的胸襟，宽容地对待下属。简而言之，就是在心理上接纳下属：接受下属的优点时，也要接纳他的缺点；接受下属的成绩时，也要接纳他的错误，就如一位资深管理人所说：“容人须学海，十分满尚纳百川。”

用宽容调和方与圆的矛盾

所谓尺有所长，寸有所短，管理者应抱着宽容的心态去欣赏拥有不同性格脾性的下属，这样他们也会反过来接纳和欣赏你，你的发展之路也就轻松顺畅了很多。

美国成功学大师戴尔·卡耐基在他的著作《关爱人》一书中说道："一个能够从细微处体谅和善待他人的人，一定是一个与人为善的人，必定有很好的人际关系，这种人际关系就是他成功的基石。"

事实虽如此，可在职场这个充满利益博弈的圈子中，想拥有理想的人际关系绝非易事。之所以难，很大一部分原因就是很多人对自己的领导、同事或者下属没有一个宽厚的胸怀。

工作中我们会发现，每个人有每个人的特点，有些我们喜欢，有些就不喜欢。世上没有完人，也极少有真正一无是处的人。如果能换个角度去观察，我们会发现其实每个人身上都有值得自己学习的地方。

郝诚是一家食品销售公司的销售经理。当说起自己如今的成就时，他总说要归功于他的上级老张。当郝诚刚进这家公司的时候，只是个小小的销售员，在老张手下做事。

老张是个性格谨慎、做事严谨的人，对下属总是板着一副严肃的面孔，对下属的要求也极其严格，几乎到了鸡蛋里挑骨头的程度。在郝诚看来已经做得很到位的工作，但在老张看来还是存在很多问题，郝诚被他训斥简直就是家常便饭。

所以一开始郝诚对老张充满了愤怒和不满，但在听别人说完他的奋斗历程后，郝诚开始佩服起他来。

那时的老张也是一名默默无名的销售员。刚到这个城市的时候，穷困潦倒，甚至还睡过天桥和公园的石凳，3块钱就能过一天。后来凭着自己的勤奋和认真，他才一步一步从销售员做到了如今经理的职务。他最明显的做事风格就是认真仔细，绝不容许犯不该犯的错误。虽然做销售经常会有应酬，但他从来不喝酒、不抽烟，奇怪的是，客户并没有因他这些习惯而反感，反而对他很信任，和他的关系相处得非常融洽，原因就在于他的认真。

在渐渐了解了老张之后，郝诚开始冷静地反思，尽管他的个性有时候令人自己很不舒服，但是老张身上也有他值得学习的地方，他要学习老张的认真和严谨。自此之后，每当老张批评郝诚，郝诚都在心里告诉自己，他说得对，我要认真，再认真。慢慢地，郝诚习惯了老张的挑剔，并从中受益。郝诚自身的一些缺点也因为老张的影响而发生了改变。

其实老张也明白自己的臭脾气很不招人待见，没有多少人能一直容忍，可是郝诚不但容忍了下来，还一直努力进步着，慢慢地老张也对这个心胸宽广、肯努力的下属刮目相看，经常委以重任，这才有了郝诚今天的成就。

可见，对异己之人有着包容之心的人，他最终得到的也将是不可估量的丰厚回报。如果郝诚看不到老张"古怪"个性之外的优点，他可能就不会那么及时地完善自己的工作，那么他也可能就取得不了现在的成就了。

民间有句俗语："百人百姓"，"千人千面"。我们每个人都有着不同于他人的个性习惯，也正因为如此，我们才各有所长、各有所短。

古代圣贤孟子曾说："君子莫大乎与人为善。"其实也是在告诫世人，要想做一个为人称道、功成名就的君子，就要学会善待他人，这是任何想成功的人都必须遵守的规则。尤其是在当今这样一个充满合作的时代，要想赢得更多人的合作和帮助，更需要宽厚待人，与人为善，与部属和周围的同事们和谐相处。

影响是相互的，一旦你以宽容的心态去欣赏他人，他们也会反过来接纳和欣赏你，你的发展之路也就轻松顺畅了很多。

俗话说，人们的个性有方有圆。你是方，他是圆，虽然不同形，但只要有一颗宽厚的包容之心，方和圆也能和谐相融。

勇于认错，为自己的错误埋单

主动承认自己的错误，不仅是一种优良的品质，同时也是一个领导者显露自身涵养的好机会，更是大智大勇者才能做出的行为。

你会向下属说"对不起"吗？

什么？领导向下属道歉？下属做错了向领导道歉还差不多，岂有领导向下属道歉之理？

相信不少人在看到这个问题时，都会产生上述想法。的确，职场中，下属犯错后，大都会马上向领导承认错误，请求原谅。但是反过来，当领导犯错时，却不见得能做出同样的道歉行为。

某权威网站曾以"你向下属说过对不起吗？"为题进行了一项调查，结果显示，60%以上的领导从没有为自己的错误行为向下属道过歉。

一位名叫"CBD小白领"的网友说道："5个月前，我们部门换了个新经理，真不知道他是对部门情况不熟悉，还是业务能力差，自从他上任之后，无论是开会、布置工作还是策划新方案时，他总是频频出现失误。刚开始，我们觉得他刚刚上任，可能是不熟悉部门的业务，但是，眼看着小半年过去了，这个经理还是老样子，屡屡犯错，而且，他从不为自己的错误感到抱歉。有一次，我们加了一个星期的班，做了一个很不错的项目方案，但在最后关头,他却将一个数据弄错了,客户极其不满,没有与我们签合同,我们的心血全白费了。但事后,他就像什么也没发生过似的,一句道歉的话都没有。在这样的领导手底下干活,真是憋屈。"

看完这段话,我们也为这位"CBD 小白领"深感同情。当然,我们更应该汲取的是其中表述出来的下属对于领导的要求和期望。尽量做一个不犯错误,至少是少犯错误的领导,发觉自己的错误行为和错误指令后要真诚地向下属表示歉意。

其实,在现代职场中,很多管理者并不是意识不到自己犯错,只是羞于承认,觉得"跌份儿"。一家 IT 网站的策划部经理就曾表示:"有时,我虽然认识到自己的错误,却不知该如何向下属说明情况,我很担心,我向下属道歉后,他们会在心里嘲笑我,我的权威就没了,以后没有办法管理他们。"

事实上,这种担心是没有必要的。据调查,97%的职场中人认为道歉和职位高低无关,无论采取哪种方式,当面道歉或是私下道歉,只要勇敢地承认错误就是好领导。

三国时期,吴国的孙权就是一个敢于认错的君主。他一旦发现自己的决策主张不对,或者做错了事,就会在众人面前坦率地认错,从不逃避。

他一度重用校事吕壹,但吕壹生性残忍,执法非常狠毒。不仅如此,他还利用孙权对他的信任,作奸犯科,作威作福。他还给孙权手下的大臣编造罪名,包括丞相顾雍、大将军陆逊,都被他诬陷过。太子孙登觉得如此下去,吴国就要陷入危机,就屡次向孙权进谏,让其严惩吕壹,但是孙权一点也听不进去。大臣们见太子劝说都没有用,就闭嘴不语了。一时间,吴国人人自危,君臣关系十分紧张。后来,当吕壹因诬陷朱据被抓住罪证后,孙权才翻然醒悟，将吕壹处死。

随后，孙权在众大臣面前承认了自己的错误，他还派专使向诸大将谢过，并向他们征求治国良策。但大臣们心有余悸，怀疑孙权的诚心，谁也不肯提建议。孙权知道他们的心思后，又写了一封自责甚重、言恳意切的罪己诏，再次诚心邀请他们多进谏。大臣们看出孙权是真心认错，就纷纷进言，提出治国策略。

孙权堂堂一国之君，在察觉到自己的错误之后，都不惜低头认错。这是何等的胸怀与气魄！实际上，也正是孙权的这一行为，使得大臣们对他更加信任，献计献策，共创治国大业。如若君王凡事唯我独尊，错了也不承认，那么就只能培养一批只会趋炎附势、糊弄人的大臣了。那样，离国将不国也就为时不远了。

实际上，主动承认自己的错误，不仅是一种优良的品质，同时也是一个管理者显露自身涵养的好机会，更是大智大勇者才能做出的行为。职场中，敢于承认错误是优秀管理者的必备品质。

凭借直销方式，迈克尔·戴尔在个人计算机行业掀起了一场革命。因为对这一模式应用自如，戴尔不但降低了公司的经营成本，而且赢得了极高的顾客满意度，这让他的公司遥遥领先于竞争对手，曾荣登全球电脑市场占有率第一的宝座，成为世界领先的电脑系统厂商。而戴尔本人也荣获《首席执行官》杂志评选的"2001年度首席执行官"。

戴尔取得了很多杰出的成就，但是，他从不摆架子，与员工讲话时也不装腔作势。员工可以对任何问题提出质疑，甚至可以直接向他发难。当他犯了错误时，他会在第一时间内向员工承认错误。他说："管理人员必须勇敢地承认错误，坦然面对错误，我的原则就是：不找借口，承认错误。"

其实，领导承认自己的错误并不是坏事，它不会影响管理者的权威，也不会让下属看不起。相反，下属会更加尊敬这样的领导，他们会觉得领导承担了他应该承担的责任，非常有勇气。同时，领导主动认错的做法会让下属和他更加亲近，他们有这样的想法："领导非常信任我们，所以，他不在乎在我们面前暴露自己的缺点。"抱有这样想法的下属的忠诚度会很高。

日本著名电器巨头松下公司曾发生过这样一件事情。有位员工由于个人疏忽，忘了将一笔货款及时收回。松下幸之助得知后，大发脾气，在员工大会上将这个员工狠狠地训斥了一顿。事后，松下幸之助冷静了一下，他突然想起来，这件事自己也有责任，因为他在那笔货款的发放单上签了字，那个员工只是没把好审核关而已。想通后，他马上拿起电话，非常真诚地向那个员工道歉。非常凑巧的是，那天这个员工乔迁新居，松下幸之助马上到其家中表示祝贺，并帮助其家人一起搬家具，忙得满头大汗，员工深受感动。

一年后的这天，那个员工意外地收到了一张明信片，他仔细一看，是松下幸之助寄来的，上面是他亲笔写下的一行字："让我们忘掉这可恶的一天吧，重新迎接新一天的到来。"这个员工感动得热泪盈眶，从那以后，他再也没有犯过错误，对公司忠心耿耿。而松下幸之助诚心给员工认错的事情，也成为日本企业界的一段佳话。

身为将帅，勇于承认错误是勇敢、诚实的表现，不但可以消除上下级的隔阂，创造融洽的工作氛围，而且还可以提高自身的威望和信用，有助于更好地管理下属。但是，道歉并不是说一句"对不起"那么简单，也是需要方法的。一般来说，管理者向下属承认错误时，要注意以下两点：

1.道歉一定要及时

道歉也是有时间限制的，及时与否，得到的效果往往会大相径庭。如果因为某些原因，管理者不能及时向下属道歉，也不能将时间延迟得太久，最晚不要超过3天。因为时间太长，下属心中的积怨就会变深，领导道歉的效果会大打折扣。但及时道歉也要分时机，如果双方都在气头上，马上道歉就很不合适。管理者要在冷静过后的第一时间道歉，才能让道歉发挥最好的效果。

2.道歉态度很重要

态度决定道歉效果，即使只是说"对不起"三个字，也要用真诚的态度。如果一个管理者端着架子，摆出居高临下的样子，用冰冷的语气说"对不起"，那么，下属就会认为他装腔作势，非但不会接受道歉，反而会因此更加厌恶他。

第8讲　欲正其心者，先要诚其意
——管理者守信用才能得人心

> 古语有云："君子一言，驷马难追。"身为领导者，也只有做到言出必行，不说空话，不放"空炮"，这样才能使员工信服自己，最大限度地得到员工的拥护，从而打造一个同舟共济的团队。

诚信是管理者发展的命脉

孔子曰："人而无信，不知其可也。"为人诚信不但能让我们在待人接物方面坦荡无私，而且还会使我们内心坦然。

诚信是一种美德。自古以来，在为人处世法则中，最重要的标准之一就是"言必信，行必果"。

美国著名小说家西奥多·德莱塞曾说过："诚信是人生的命脉，是一切价值的根基。"的确，一个人若是讲诚信，那么他将赢得他人的尊重和信赖；一个企业若是讲诚信，那么它将获取更大、更多的利益。可以说，无论对于个人还是对于企业来讲，诚信都是无价的隐性资产。

曾有记者问李嘉诚认为自己最大的收获是什么时，李嘉诚的回答只有三个字：讲诚信。这三个字贯穿在李嘉诚的生意经中。

当年，为顺应香港经济转轨的大好形势，李嘉诚投身当时在世界上处于新兴产业地位并有着大好发展前景的塑胶行业。

做销售出身的李嘉诚对推销轻车熟路，第一批产品很顺利就卖出去。接下来是第二批、第三批、第四批……李嘉诚的手里捏着一把订单。为了加大生产力度，李嘉诚开始招聘工人，只经过短暂的培训后就单独上岗了，并实行三班倒工作制，一切都是为了多出货。

正当李嘉诚准备大干一场的时候，没想到遇到了意外。一家客户说他们厂生产的塑胶制品质量粗劣，要求退货。可是，李嘉诚手里还攥着一把订单，其他的客户在不断地打电话催货。李嘉诚清楚，如果不能按约定时间正常交货，是要被罚款的。一方面为产品质量担忧，一方面为产品数量焦虑，这让李嘉诚骑虎难下。可是，由于设备陈旧、时间紧迫，确保质量绝非易事。

于是，出现了这样一幕场景：仓库里到处都是因质量欠佳和延误交货而退回的玩具成品。与此同时，有不少客户纷纷上门要求索赔。

墙倒众人推。银行得知他们陷入危机，便派职员来催贷款。李嘉诚只得赔笑接待，恳求银行放宽限期。因为银行掌握着企业的生杀大权，李嘉诚负责的工厂处于清盘的边缘。

思索再三，李嘉诚准备坦诚地承认自己的错误。第二天，李嘉诚召开全体员工大会，他表示，自己这样做不但让工厂一天天被拖垮，而且也让工厂的信誉不保，同时也使员工们受到连累。

为此，李嘉诚向这些天被他无端训斥的员工们赔礼道歉，同时，他对员工们表示，工厂的经营一旦发生转机，就将请回辞退的员工。从今往后，一定坚定不移地与员工同舟共济，绝不为了保全自己而损及员工的利益。

紧接着，李嘉诚开始逐家地拜访，银行、原料商、客户都成了他拜访的对象，他向这些合作伙伴诚恳道歉，请他们原谅，并保证在放宽的限期内一定偿还欠款，对该赔偿的罚款，一定如数付账。在李嘉诚这股子诚恳劲儿的感召下，业务伙伴们大多给予了谅解。

尽管如此，李嘉诚却不敢松一口气，银行、原料商和客户，只给了他十分有限的回旋余地，事态依然十分严峻。

在这种情况下，李嘉诚专门派了员工，对积压产品进行了一次普查，要求他们把这些产品归为两类：一类是有机会做正品推销出的；一类是款式过时或质量粗劣的。李嘉诚不想因为产品积压而把工厂拖累太久，于是就低价出售，但是在制品的质检卡片上，他要求工作人员一律盖上"次品"的标记。通过低价售卖，李嘉诚获得了一些小额营收，他把这些钱分头偿还了一部分债务。

一段时间过后，李嘉诚召集员工聚会。会上，李嘉诚先是向员工深深地鞠躬，以此感谢大家的精诚合作。然后，李嘉诚用难以抑制的喜悦之情宣布："我们厂已基本还清各家的债款，昨天得到银行的通知，同意为我们提供贷款。这表明，塑胶厂已走出危机，将进入柳暗花明的佳境！"

不难看出，李嘉诚的诚信，赢得了员工们的理解和尊敬，大家齐心协力帮他渡过了这个难关。这样的领导恐怕没有人会不喜欢，也没有人会在他处在困境中而选择一走了之。

必须承认,一个人只有学会了做人,讲诚信,念恩情,并付诸实际行动,那么他的人生必然是坦荡的,他的道路必将是宽广的,他的未来也必将是光明的。

我们再来看一个古时候的事例。

在我国古代,有一个叫查道的人,一天早上,他和仆人一起去看一个远房的亲戚。到了中午,由于他们还没有赶到亲戚家,两人都感觉饿了,仆人建议从给亲戚带的礼物中拿一些来吃。

查道却不同意,他说:"那怎么行呢?我们带的这些礼物都是要送人的,既然要送给人家,那这就是别人的东西了。我们要讲信用,可不能偷吃。"结果两人只好饿着肚子继续赶路。

走着走着,他们发现在路边有个枣树,这时候正是枣子饱满而又没有落杆的季节,看起来甚是诱人。查道饿得饥肠辘辘,就打发仆人去树上采些枣来吃。

两人吃完后,查道却拿出一串钱,挂在被他们采过枣的树枝上。

仆人看了,感到奇怪,就问查道:"这是什么意思?"

查道说:"我们吃了人家的枣,就该付给人家钱,岂有白吃之理?"

仆人又说:"可是枣园的主人不在这里啊,也没有其他人看见,您何必这样认真呢?"

查道却严肃地说道:"诚实是一个人起码的品德,虽然枣园主人不在,也没有别人看见,但我们毕竟吃了人家的东西,就应该给钱,不给钱就是偷人家的东西,就是不道德。"

听了查道的话,仆人默默地点点头,似乎明白了查道的想法。

其实，为人诚信不但能让我们在待人接物方面坦荡无私，而且还会使我们内心坦然；相反，如果说谎、虚假、欺瞒，则会让我们的良心遭受折磨，使我们无时无刻不处于一种灰暗的、忐忑不安的状态。如果长期被这种情绪笼罩，那么我们的心还能够安宁吗？

孔子说："人而无信，不知其可也。"此话旨在告诉我们，不讲诚信、言行不一，就无法立足于世，也无法行而为人。作为将帅，在部属心目中都是一个"官"，要为好官，先要为好人，要为好人，首先要诚信。所以，一个成功的将帅必是讲诚信之人，这样才能让部属相信自己、信赖自己、接近自己，与自己共事共心，同舟共济。

在此，需要提醒的是，为将帅者讲诚信有必要注意以下几点：一是对重点工作，该抓的要抓牢抓实，不说空话，不放"空炮"。自己对员工强调布置过的工作，一定要适时适当地加强检查督办，决不允许留尾巴。二是，对于突出问题，也要做到该管的一定管住，不留空隙。同时，还要让自己克服"只打雷，不下雨，雷声大，雨点小"的不良倾向。当这些都能够成为一个将帅的行事风格的时候，那么你的团队必将是团结的、向上的、充满着健康与活力的！

言出必行，以诚相待

领导者只有做到言出必行，不放"空炮"，才能赢得员工的信任与尊重。

古语有云：君子一言，驷马难追。旨在告诫人们，说出来的话，不能反悔。意即我们现在常说的言出必行。这是做人的学问，也是做领导的学问。

傅玄在谈到信用时说："以信待人，不信思信；不信待人，信思不信。"以诚信待人，人必诚信；以欺诈待人，人必欺诈。

身为将帅，就需要以此来立信。

在我国古代的战国时期，商鞅制定了新法，试图在秦国实施变法。一次，商鞅命人在京城南门口竖了一根大木，并让人对围观的群众说："谁要能将这跟木头从南门搬到北门，就赏他50两银子！"

50两银子对于当时的百姓来讲可不是个小数目，有的人家一年也没这么高的收入。正因为如此，大多数人都不相信有这等好事，担心这不过是戏弄人的把戏，不会兑现。

可就在众人犹豫不决的时候，围观的人中站出来一人，只见他扛起木头，从南门一直走到北门。谁知商鞅当场兑现，赏给了那人50两银子。

通过这件事，商鞅很快在群众中树立了威信。这样一来，人们就愿意遵守他推行的法律，新法也就得以顺利实行。

上面所举的事例都是领导重信用，讲诚信的。可日常工作和生活中，我们看到的也不乏一些善于"画大饼、放空炮"的领导。

有的领导为了笼络和激励员工，就会不假思索地给员工许诺："若能超额完成任务，大家月底能拿到40%的分红"；"只要你们努力，我们公司很快就可以上市了，到时候人人是股东"……而后却往往又办不到。如此，很容易就在员工的心目中留下一个"不守信用"的烙印。长此以往，就没人愿意在这样的领导手下效力了。

可是，有些领导很困惑，他们是想通过这种手段来激励员工，如果真的实现了目标，自己也会兑现承诺的。说到这里，我们就不得不告诫这样的领导，对于团队和企业发展的战略如果没有较为明晰的规划，那么这样的理想恐怕只能是水中月、镜中花。

因此，我们特别总结了几点规则，可以帮助存在上述认识的领导们做到言出必行，不放"空炮"，从而赢得员工的信任。

1.首先，制定科学的企业发展战略，循序渐进地向目标开进

任何事物的发展都有一个循序渐进的过程，可偏偏有的领导想颠覆这一规律，想一口吃个胖子，这个月偶然签下一笔大订单，就盘算着每个月都能如此，年终时将会如何如何，而不是去想如何稳扎稳打一步步迈进。到头来，实现不了，员工也跟着空欢喜一场，会认为这个领导不靠谱。正确的做法应该是，扎扎实实，不浮夸不冒进。当团队取得成绩后，也让员工得到些实际的利益。这样就会从根本上杜绝"空头支票"、防止"无力践诺"。

2.三思之后再许诺

有的领导比较冲动，脑子一热，就满嘴"跑火车"，给下属这样那样的许诺。岂不知，这种未经深思熟虑而做出的承诺，兑现的可能性并不是很大。一旦没能兑现,下属在失望的同时,还会觉得领导太不靠谱,说话不算话。这样一来,工作的进展,团队的建设就可想而知了。所以说,为将帅者,如果不能肯定自己能够实现就不要承诺,承诺了就要保证它不折不扣地兑现。如果真的发生了棘手问题而不能兑现承诺,也要马上开诚布公地与下属重新进行商洽。如果下属知道你通常都能够恪守承诺,偶尔一次因某种原因而无法兑现,但你又和他们进行了坦诚的协商,那么他们依然会相信你是个值得信赖的领导。

3.利益分配要因人而异

从常理上讲,领导向员工兑现了承诺,可以换取员工对自己的信任,实现团队的通力合作与和谐共融。但是,有个"众口难调"的问题摆在面前,怎么分配才能让下属都对自己的做法认可,令大家都感到满意。所以说,领导还需要掌握一些利益分配方面的小窍门。想办法满足各类员工的具体需要,这样就能用"小面额支票"产生大的效力。

从前,有个财主家里养了一些门客。有一年风不调雨不顺,庄稼收成不好,财主觉得还像以前那样供养这么多人有困难,于是就和门客们说,在未来一年内每月的供奉要减少,不过等来年收成好了,可以双倍补上。

门客们听到这个消息,出现了满意和不满意的两种声音。财主为了留住大家,就采取了第二种策略,他打算去亲戚朋友们那里借一些银两,保持大家的供奉来年不变,但是第二年还别人银子的时候,利息要大家分担。

没想到,这个消息传出后,仍是有人满意有人不满意。这下财主为难了,不知如何是好,就找一位老学究请教。

老学究听后,对财主说:"你是否注意过,对第一方案不满意的一定是年纪很大的门客,而对第二方案不满意的一定是年轻人。上了年纪的人大多没了雄心壮志,身体也保得了今年保不了明年后年的,所以他们很在乎眼下的所得。因此他们会反对第一个方案。而对于那些年轻人，由于他们刚到你这里，正是踌躇满志的时候，他们更看重的是将来的发展，眼下的困难对他们来讲不算什么，何况将来还能加倍补偿，他们自然乐意。所以这些人一定是反对第二个方案的。所以，给他们的待遇就不能采取同一个模式。对岁数大的，要想办法保证他们眼前的利益，对于年轻的，则要让他们看到未来的前途。"

按照老学究说的，财主回去试了一下，果然让门客们都满意了。大家又一起齐心协力，帮财主顺利地渡过了难关。

总的来说，能不能让下属看到切实的利益，这是为将帅者面临的巨大考验。那些只会把口号喊得震天响，却不见什么成绩的领导，早晚会成为下属们背后抱怨的对象。只有能够让每一个员工都感觉到自己的利益得到了最大程度的维护，他们才会勤恳、踏实地陪伴领导一路走下去。所以说，"多研究问题，少讲些主义"，是为将帅者极有必要学习的一门功课。

下篇

修炼管理能力，带出强大团队
——中层管理者的管理能力修炼

优秀的中层管理者，欲带出一个强大团队，首先要学会修炼自己的管理能力，培养出让员工亲而敬之的威信、知人善任的眼光、科学授权的方式、倾听沟通的态度、鼓舞士气的方法、善于借鉴的能力以及和谐共赢的平衡之术，从而让每个团队成员都能够认可你的管理手段与带队方法，进而带出一个真正强大的团队。

第9讲　欲使亲而敬之，必先威而不怒
——管理者树威信方能信服众

　　人性化管理的首要要求是尊重，尊重你的下属，尊重你的员工，你才能成为一个深得下属尊敬和钦佩的领导。要在员工眼里树立一个"威而不怒，亲而敬之"的管理者的形象，这样，才能在"黄金距离"里产生员工和领导双赢的美感。

用尊重实现人性化管理

　　要想成为一名合格的将帅型人才，就必须尊重周围的人，尊重每一个同事和下属，就像尊重自己一样。

　　某网站曾经报道过这样一则消息：一家生产型企业明确规定，凡是不尊重员工、同事者一律不予提拔。这家企业曾经在进行中层领导调整时，原本计划将三名车间主任定为提拔对象，但是通过征求员工意见获知，他们三人在日常管理中，经常有对下属态度蛮横、作风武断等表现。因此，企业高层领导认为他们三人不尊重员工，不具备升任中层领导的资格，于是放弃了对那三名车间主任进行提拔。

不能不说，这家企业的管理颇具人性化。

职场专家认为，作为团队带头人，要想赢得下属们的心，让管理工作能够顺利进行，最好的方法就是实行人性化管理。正如比尔·盖茨所说："企业要走向以人为本的管理，第一步是学会尊重员工。"

我们知道，每一家企业在聘用员工的时候都是经过辛辛苦苦筛选出来的。如果上到老板，下到团队管理者都不能平等尊重、真心善待他们，已经录用的人才就会逐渐流失，企业就会有巨大的资源浪费。但事实上，能够有此认识的管理者并不是太多，有的管理者认为："我给他们工作的机会，也给了相应的工资，我就可以随意对待他们，随心处置。"岂不知，这是一种狭隘的想法，因为在同一领域中，相似的企业就有十几家，甚至上百家，而人才是各个企业最关键的核心竞争力。如果你流失了一个人才，那么很可能就等于为竞争对手送去一个人才。

另外，管理者还要意识到，任何人都有被尊重的需要，下属当然也不例外。而且他们一旦受到尊重，往往会产生比金钱的激励大得多的工作热情。日本松下公司创始人松下幸之助就经常对员工说："我做不到，但我知道你们能做到。"他要求管理者必须经常做"端菜"的工作，尊重员工，对员工心存感激之情。这是何等智慧的领导！

所以说，要想成为一名合格的将帅型人才，就必须尊重周围的人，尊重每一个同事和下属，就像尊重自己一样。管理者要树立"领导员工等于爱员工"的观念。受到尊重后，每个人都会有被尊重感觉，他们会将之反馈给管理者和公司。而这个反馈对于管理者和公司来说，有巨大的作用。

土光敏夫作为日本企业界的权威人士，曾经为日本的经济振兴作出了巨大贡献，尤其到了晚年时期，土光敏夫更是业绩斐然，而这一切都得益于他尊重员工的管理作风。

土光敏夫在68岁时担任东芝社长，可是他不辞辛苦，遍访东芝各地工厂和营业所，同许许多多的员工进行沟通交流。

一次，他到了川崎的东芝分厂，工厂的职工纷纷感叹："历任社长从未来过，如今土光社长您亲自莅临，我们的干劲儿大增。"他还将总部的办公室完全开放，欢迎员工们前来讨论问题。刚开始时，前去交流的员工们很少，但他不急不躁、耐心等待，半年之后，他的办公室就变得门庭若市。

土光敏夫提出："管理者的责任是为员工提供一种良好的工作环境，让每个人发挥所长。如果员工认为自己在哪里最能发挥所长，可以自动申报；同时，公司某个部门需要某一类人才时，先行在公司内部员工中招募，以鼓励员工在公司内作充分流动。"正是土光敏夫这种尊重员工的管理方法，使得员工们个个干劲儿十足，公司的业务也呈上升趋势，成为了全球知名企业。

看完这个事例，让我们不得不对土光敏夫产生敬佩之情，一个大型企业的老板，居然能对下属如此尊重，员工不努力才怪，企业不发展也说不通。

说到底，人都是有感情需要的。作为下属，他们非常希望从领导那里得到尊重和关爱，这种需要得到满足之后，他们就会以更大的热情和努力投入到工作之中。那么，要想成为一名合格的将帅型人才，该如何做才能实现人性化管理，让员工感到尊重呢？一般来说，可以从以下几方面去做：

1. 尊重下属的工作

尊重下属，不仅要尊重他这个人，也要尊重他的工作。每个员工的工作都是公司发展不可缺少的一个环节，即便他的工作只是端茶倒水，擦桌子扫地，管理者也要给予足够的尊重，不可轻视。

2. 给下属足够的空间

给予下属足够的空间，也是对他们的一种尊重。工作中，管理者要做的不是时刻将目光锁定在下属身上，而是指导和帮助他们学会时间管理，让他们利用好自己的时间，做好自己职责范围内的工作规划和计划。这样，他们的工作就会更有效率、更有成绩。

3. 维护下属的自尊心

在一次关于罢免计算机部门经理助理的问题上，通用电气公司的管理者陷入了两难的境地。

这位经理助理是电气方面的行家，但是，他胜任不了经理助理这个职位。如果公司下令解除他的职务，对公司来说，不但是个不小的损失，而且还会在公司内部引起各种难以想象的舆论。

最终，公司管理者以表彰他在电气方面的卓越贡献为名，为他新添了电气顾问工程师的头衔。他在高兴之余，主动提出不担当经理助理一职，管理者的难题得到了圆满的解决。

可见，保护员工的自尊心是非常重要的，是尊重员工的一种表现。作为将帅，处事要冷静，不要无情地驳下属的面子，以免伤害其自尊心，激发其逆反心理。

4.尽量不辞退下属

尽量不辞退下属，有利于培养他们的归属感。他们会觉得，领导非常尊重自己，不会随意舍弃自己。惠普公司在这方面就做得很好，他们的员工一经聘任，就很少被辞退。

在第二次世界大战中，惠普公司要签订一项利润丰厚的军事订货合同。但是，如果接受这项合同，公司的人手还差很多，就需要再雇用十几名员工。当时，公司创始人休利特问人事部长："完成这项合同之后，这些新雇用的人能安排别的合适的工作吗？"人事部长回答说："只能辞退他们，因为已经没有什么可安排的合适工作了。"休利特想了想，说道："既然这样，我们就不要签这份订货合同了！"

5.尊重辞职、离职的下属

现代社会，离职、辞职是职场上的常事。然而，一个真正有风度的领导，在遇到部门员工辞职的情况时，也会对他们继续保持尊重和关心。这样，不仅可以体现管理者的亲和力，而且能对在职的下属产生示范效应：一个管理者对辞职和离职的下属都这么关心，现有下属就会坚信自己也可以得到足够的尊重，工作积极性也会因此提高不少。

提升自己的人格魅力

有魅力的人才有追随者，有追随者的人才能成为杰出的将帅。

魅力，是现在人们评价一个人是否值得欣赏和喜欢常用的词。通俗且形象地说，魅力就是一种美。这种美涵盖内外两个方面，从外在来看，衣着打扮、言行举止可给人以一种外在的美感；内在则是个性品质优良，让人情不自禁地希望与之靠近。如果一个人只是外表光鲜亮丽，那么就好比纸糊的灯笼，中看不中用，仅能光耀一时，却难以持久。

所以，要想成为一个有魅力的将帅型人才，既要考虑外在美，更要注重内在美。而实际上，魅力从其本质上讲，就是一种有内涵的美丽。如果说外在美就像一朵花，需要认真地看；那么，内在美就会像一杯茶，需要仔细地品才行。

身为领导，是有着诸多追随者的人，所谓领导力也就是指获得追随者的能力。简言之，有魅力的人才有追随者，有追随者的人才能成为杰出的将帅。

作为迪斯尼公司的创建者，沃尔特·迪斯尼无疑是杰出的，他是迪斯尼的精神领袖。

沃尔特是一个有着非凡想象力的人，也是个敢于承担风险的人，而且他更有能力让自己的下属最大限度地挖掘他们的潜力。

同时，沃尔特还是一个毫无老板架子、十分平易近人的人。他告诉员工们，不必称呼自己老板，直接叫他"沃尔特"就行。对于员工的工作时间，他也不会硬性规定，允许他们灵活掌握，并且会尽己所能地为员工提供好的设备和材料，为他们营造一个可以获得支持和鼓励，但又毫不松懈的创作环境。

在管理过程中，沃尔特显现了天才团队中管理者的一项特质：他不会在下属们正解决困难和问题的时候进去参与，而是当他们已经解决了大部分问题时才介入，来肯定他们的工作，或者给他们提出要求，让他们把工作做得完美。

无疑，沃尔特的做法是明智的，他用这种"松紧"适度的管理方式，让下属们产生了自主感，于是他们的潜力也得到最充分的发挥。

在一本关于迪斯尼公司的小传中，有位动画家这样提到：你可以忙碌一整天，当工作结束，你在审视自己的成果时，结果把它们扔到了垃圾桶。你不会有一丝遗憾和不安，也不会有人来责怪你工作没成效。如果没有如此反复和不断地否定自己的工作过程，反而会有人奇怪。迪斯尼所创造出来的艺术形象，都是在这种反复和否定中产生的。

从最后这段话中，我们就可以读出迪斯尼发展壮大、深受人们喜爱的一大原因，那就是管理者给员工们创造了利于他们创作的良好环境。而这种环境的创设均是建立在沃尔特强大的个人魅力基础之上的。换句话说，正是由于沃尔特超强的人格魅力，才使迪斯尼创造出了一个个非凡的艺术形象，让它获得了全世界人们的接受和喜爱。

或许你会觉得，人格魅力这个东西有点"玄乎"，不像一件物品那样可以看得到、摸得着，这让那些想让自己成为一个有人格魅力的管理者有点无从下手。

别急，我们今天就告诉你方法，让你向一个具备人格魅力的将帅型人才进军：

1. 勾画理想，让团队成员有"奔头"

领导魅力和一般人际交往中所体现的个人魅力有所不同，因为这种魅力或吸引力是由管理者发出的。通过这种魅力，管理者把大家吸引到自己的战略与计划、理想与目标中来。而人们之所以能全力奉献，并不是因为他是管理者，而是因为他勾画的这一理想本身具有吸引力。单凭人际关系，或者单凭管理者本身的权力和地位，是不能做到这一点的。

2. 对下属的需求要摸清，了解他们最关心的是什么

作为下属，大多数员工需要对团队产生归属感和成就感。而这些又都是需要通过工作才能实现的。所以，管理者应为员工提供职业安全感和工作满意感，以及提供一种符合他们个人专长和人生目标的发展前景，使他们对团队、对企业产生认同，感受到作为群体的一分子是有意义的。

3. 要做一个民主、开放的管理者

对员工来讲，企业是他们的生计、前途和希望所在，任何影响公司发展的问题，也势必会影响到每个员工。因此，在对团队制定决策时，管理者有必要听取下属的意见，给他们提供参与决策的机会。这既是表示对员工的尊重，也是在寻求员工的支持。总之，要尽可能地让员工多知道公司内外都在发生些什么。美国太平洋贝尔电话公司总裁奎格利就认为："最好让所有员工都知道公司的重大决策，千万不要把他们蒙在鼓里。"

4. 应注意交际与沟通的艺术

职场上，说话永远是重要的一环。即使领导对下属也不例外。本书第二部分中，会有专门的章节来论述这一问题，在此不再赘述。只是提醒大家要注意：你说话的态度、身体语言、周围的气氛、自信的神采以及言语中的情感常常比谈话内容还要重要。

总的来说，一个被下属们称为好领导的将帅，必定是一个有着超强人格魅力的人。应该说，为将帅者的人格魅力影响着其领导能力。一个有人格魅力的领导，能够在运用权力时让自己产生亲和力、凝聚力和感召力，使被领导者心甘情愿地努力奋斗，为实现既定目标而兢兢业业。

管理者应学会控制自己的情绪

当管理者发现别人有什么疏漏时，应用温和的态度对待。这不仅是一种风范之举，更是避免和对方产生不快，从而避免对工作形成不利影响的良好策略。

在任何一个企业里，领导和下属之间都难免会产生磕碰、摩擦和误会。碍于上下级关系，下属自然不能当面和领导发生冲突，可长期闷在心里，难免会产生一种想找人谈谈的"倾诉欲望"。但很不幸，连个合适的倾诉对象也找不到，那就继续闷在心里。可是这样下去，很容易会使小过节变成大问题，甚至引起一些事端。

其实，下属会对领导甚至企业产生一些不满情绪是很正常的。一方面是因为领导是管理者，面对的是众多的下属、客户，需要面对非常复杂的社会和上级机关的众多部门，接触面和联系面较为广泛，工作更是千头万绪，难免产生焦躁情绪，这样一来，工作中可能就会出现偏差；另一方面，员工肩负着繁重的工作任务，信息输入量相对单一，大多只和自己的业务方面接触较多，考虑问题时不自觉地就会从自己的角度出发，也就难免出现偏颇。

但是，好的领导和好的老板应善于发现下属的不满。比如，当有下属表情严肃不爱理人时,当有下属工作消极背后嘀咕时,当有下属越过你向上级反映问题时,当有下属直接找你理论时,你应该善于自我反省,发现自己的不足。

很多年前,美国某石油公司的一位高级主管做出了一个错误决策,一下子使该公司损失超过200万美元。当时这家公司的老总正是大名鼎鼎的洛克菲勒。造成损失之后,这项工作的主管人员唯恐洛克菲勒先生将怒气发泄到自己头上,就设法避开他。

一天,这家公司的合伙人爱德华·贝德福德走进洛克菲勒的办公室,发现这位石油帝国老板正伏在桌子上,在一张纸上写着什么。

"是你呀,贝德福德先生,请坐。"洛克菲勒平静地说道,"贝德福德先生,我想你已经知道我们的损失了。对于这件事,我考虑了很多,但在叫那个人来讨论这件事之前,我做了一些笔记。"

原来,那张纸上罗列着某先生一长串的优点,其中提到他曾三次帮助公司做出正确的决定,为公司赢得的利润比这次的损失要多得多。

之后,贝德福德感慨道:"我永远忘不了洛克菲勒对处理这件事情的态度。以后这些年,每当我克制不住自己,想要对某人发火时,就强迫自己坐下来,拿出纸和笔,写出某人的好处。每当我完成这个清单时,自己的火气也就消了,就能理智地看待问题了。后来这种做法成为了我工作中的习惯,好多次它都制止了我的怒火,如果我不顾后果地去发火,那会使我付出惨重代价。"

一个真正有涵养的人,绝对不会像歇斯底里的疯子一般随意发泄情绪,他会冷静地应对棘手难题,会给自己一个底线。一个人若是把自以为是、狂傲自大作为常态,那么这个人便只会面临无穷尽的失败。

总之,一个好的管理者需要和下属经常沟通,这样才能了解下属的需求,化解下属的不满，从而为团队建立良好的工作氛围。

还有一点，就是当我们控制住冲动的情绪之后，也要冷静下来重新思考，尽量把自己的心结打开。可以问问自己：当时为什么会有冲动的情绪？为什么自己不能从一开始就看开点？为什么不能很好地控制情绪？当仔细考虑过这些问题，并得到答案后，我们便会从源头上遏制愤怒。

一位深谙职场心理学的专家这样表示：上级同下级说话时，不宜作否定的表态，比如下面这样的话，最好被将帅们列入"禁言"范畴："你们这是怎么搞的？""有你们这样做工作的吗？"

如果需要自己发表评论，也要善于掌握分寸。因为你的点头、摇头等轻微的动作，在下属那里都会被认为是"指示"而毫不犹豫地去贯彻执行。所以，轻易地表态或过于绝对地评价都容易失误。比如，你的下级向你汇报改革试验的情况，你最好的回复是只宜提一些问题，或作一些一般性的鼓励，比如说："你的试验很好，可以再请几个人发表一下意见。""等有结果后，希望能及时告诉我。"

类似这样的评论巧妙地避开了具体的问题，为自己、为对方都留有余地。

还有一种情况，就是当你认为下属的汇报中有什么不妥时，你的表达更要谨慎，尽量采用劝告或建议性的措辞，比如，"你再考虑考虑，是不是还会有其他的办法，比如……""这是我个人的意见，你们可以作为参考。""我手上有一部分材料，你们可以看看，或许会有所启发。"这样的话，下属不会明显感觉到领导的不满，而是会对其产生一种启发作用，也就更容易接受。

由此看来，作为领导，当发现下属有什么疏漏时，尽量要用温和的态度对待。这不仅是一个领导的风范所在，更是避免和下属产生不快，从而对工作形成不利影响的良好策略。

懂得为下属留面子

作为领导应当善于包容下属的过失,懂得为下属留面子。这样下属就会为之所动,必定有所回报。

生活中,我们常常会听到"给我一个面子"、"看在我的面子上"等诸如此类的话,在某种程度上,对于人们来说,面子胜过一切。我们所付出的一切努力可以说都是为了争面子、得荣誉。你若不给别人留面子,别人也就不会顾及你的面子。

《左传》中记载了这样一则故事:

一天,郑国的大夫子公与子家一同上早朝时,子公的食指突然无缘无故地颤动起来。子公对子家说:"以前我的食指颤动的时候,预示着有美味可尝,看来今天又有好吃的了。"

二人入朝后,果然看到郑灵公煮龟犒劳大臣,于是相视大笑。

郑灵公见状,问为何而笑,子家便把子公的话告诉了郑灵公。

龟汤煮好后,郑灵公故意想让子公在大家面前难堪,他便给每人都分了一份龟汤,却偏偏不给子公。

如此大失颜面,子公感到非常生气,于是他不顾一切地从鼎中捞起一块龟肉,边吃边走出去了。

郑灵公见状大怒，想杀子公但又忍住了。

可郑灵公万万没想到，不久之后，自己却死在了子公的手下。

俗语说："树有皮，人有脸。"学会为别人留面子、保护别人的面子，是人际交往中的一条重要原则。可以说，你每给别人留一个面子，就可能多交一个朋友；你每损害一个人的面子，就可能为自己增加一个敌人。

每个人都希望能够得到别人的尊重，都希望别人能多给自己面子，下属也不例外，他们也会非常在意自己的面子，也会渴望得到荣誉。作为将帅，更要知道面子的重要性。如果你一时激动，控制不了自己的情绪和脾气，不分场合地任自己发泄情绪，对下属怒喝或破口大骂，那么，你的气是出了，心里痛快了，但你的下属却会因此感到没面子，会对你怀恨在心，你也就失去了下属对你的尊重，甚至威信尽失。你建立的是威而不是信，表面上下属会听你的，但背地里可能是另一番景象，这样的管理是失败的。

曾有一个下属这样说："老板少给我钱可以，但不能不给我面子。我能接受上司的批评，前提是上司一定要给我面子，不能在大庭广众之下或众目睽睽之下骂我、批评我，那样是很丢面子的事。"每个人都有自尊心，即使下属犯了错误，也不能随心所欲地数落他们。要知道，从人格上来说，每个人都是平等的，你若不能顾及下属的自尊，把他们逼急了，他们不仅会反过来伤害你的自尊心，还会对你产生排斥心理，不再听从你的命令和指挥，甚至影响到整个团队的合作。

人非圣贤，孰能无过？下属出现失误或错误是不可避免的，作为领导应当善于包容他们的过失，懂得为下属留面子。

《说苑》中有这样一个故事：

一日夜晚，楚庄王设宴犒劳群臣，并请后宫美人出来劝酒。在众人酒酣耳热之际，一阵风将烛灯吹灭了，有人便趁机拉美人的衣服，美人迅速将那人的帽缨扯掉，并央求楚庄王赶快点灯。

楚庄王却说："今日大家与我饮酒，把帽缨脱掉才痛快。"

于是，当大家都把帽缨拿下来后，楚庄王才又重燃烛灯，最后众人尽欢而散。

后来，楚国与晋国开战，有一名楚将奋勇杀敌，为楚国立了大功。楚庄王问他姓名，他说："我就是那晚被美人扯掉帽缨的人。"

管理者懂得给犯错误的下属留面子，换回的可能是下属的以死相报。相反，如果管理者将下属的过失暴露在大家面前，让下属颜面尽失，除了会使气氛变得非常尴尬，损失一名成员之外，起不到任何别的作用。

需要注意的是，这里所说的留面子并不是不讲原则地纵容。这里说的留点面子，是指对有过失的下属点到为止，促其自省，给其改过的机会。

此外，当下属做出成绩时，管理者更要舍得给下属面子。这对下属来说是一种鼓励，能够使其更加努力地工作。

《三国志》中记载：

鲁肃为孙权取得了赤壁之战的胜利，归来后，孙权召集群臣，为鲁肃举行了盛大的欢迎仪式，并亲自下马迎接鲁肃。

孙权问鲁肃："我这样恭敬地对待你，给足你的面子了吧？"

鲁肃回答："不！"

在场的众人都感到十分惊愕，鲁肃却正色道："我希望主公统一天下，然后再拜我当官，这才是给足了我面子呀！"

孙权听后抚掌大笑道:"因我给足了你的面子,你这是攒足了劲儿要回馈给我一个君临天下的大面子啊!"

一个好将帅不仅懂得给下属留面子,还会保护下属的尊严使其不受伤害,会在日常工作中顾全下属的面子。

此外,当你与下属的意见发生冲突时,为了劝服下属,最好采取单独面谈的交流方式,并可以这样说:"我完全理解你的想法,因为一开始我也是这样想的,那时候我还不了解事情的具体情况,但后来当我了解到全部情况后,我就知道你我都错了。"

这样说不仅不会伤害到下属的自尊,还能使其体面地收回先前的立场,并信服你说的话,甚至对你心存感激。

"黄金距离"才会产生美

上司与下属交往,保持距离才有美感。与下属相处时,上司需要在远近距离之间找到"黄金分割点"。

一般来说,距离可以分为三个层次:表示关系亲密的近距离,正常社交关系的中距离,以及有一定分寸感的远距离。圣人孔子说过:"远之则怨,近之则不逊。"职场中,为将帅者能否掌握好自己与下属的距离,并不是一件简单的事情,而是一门管理艺术。

我们一起来看一则和管理有关的寓言故事：

在一个寒冷的冬日夜里，有两只冻得瑟瑟发抖的刺猬想通过相拥来取暖。但非常无奈的是，彼此身上都有刺，它们靠得太近就会刺痛对方，甚至流血；离得太远了，又得不到温暖，只好又凑到一起。经过几次折腾后，两只刺猬终于找到一个适度的距离，既可以相互取暖，又不会刺到对方，于是，它们舒服地睡着了。

这就是著名的"刺猬效应"。在工作中，能否妥善处理自己与下属的距离问题，真正体会到"距离产生美"的感觉，也是衡量一个管理者管理水平强弱的准绳。

某网站曾进行过一次主题为"你和下属的距离有多远"的调查活动。活动中，一些管理者纷纷诉说了自己的管理苦恼。

一位名为"我为你狂"的网友说："我毕业后进入一家公司上班，因为表现好，一年后被提升为部门副经理。当时，部门中只有一个下属和我同岁，剩下的年纪都比我大，有些还是企业的老员工，毫不夸张地说，年龄大到该让我叫"阿姨"的辈分了。有这样的一群下属，让我感到非常头疼。我刚开始做管理工作，为了能有一个好的开始，我就采取了打成一片的管理方式和他们沟通，结果什么效果也没有，管理得一塌糊涂。后来，我越做越感到心力交瘁，半年后，我就主动辞职了。"

与他有相似遭遇的还有一位叫"梅花香"的部门领导："前段时间，我刚刚被升任为公司培训部的经理，昔日朝夕相处的同事们一下子变成了我的下属。我不想让他们说我升了职就摆架子，所以还是和他们聊天、开玩笑。时间一长，我发现我丝毫不能发挥经理应有的职权，我给他们布置的工作，他们很少及时完成，还经常违反公司的管理制度，我明里暗里地提醒过他们很多次，但他们把我的话当成了耳边风。不仅如此，无论在什么场合，他们从来都是直呼我的名字，让我很没面子。前几天，我的顶头上司找我谈话，说我的管理有漏洞，如果再不修补，那么，我就要将职位让给有管理能力的人。"

很多将帅认为，自己和下属同属一个部门，距离近一点有助于和谐彼此关系，可以更好地开展管理工作。亲近下属本身并没与错，但一定要把握距离，没有距离就没有空间感，就很难产生权威。更严重的情况是，如果管理者与异性下属走得过近，就会谣言四起，可能最终连自己辛苦得来的领导位置都会丢掉。

陈金涛是销售部经理，最近，他的部门来了一个刚毕业没多久的员工叶蓝。叶蓝很有年轻人的热情和干劲儿，颇有销售天赋的她将工作做得有声有色，陈金涛非常喜欢这个能干的下属，总是夸她是个销售人才。听了上司的表扬，叶蓝更有干劲儿了，业绩扶摇直上。她从心底感谢陈金涛的支持和鼓励，把他当成哥哥一样尊敬。

上司欣赏、鼓励下属本是一件很平常的事情，但在其他同事眼里，却完全不是这么回事。他们认为，男上司如此关照女属下，走得这么近，关系绝对不简单。陈金涛也听到了一些风言风语，但他觉得身正不怕影子斜，自己做好本职工作就好，其他事情就交给时间来证明。然而，他忘了人言可畏，谣言的力量是很强大的。

一次，叶蓝在与客户签合同时，漏掉一项很重要的条款，客户很不满意，就终止了合作，公司由此损失了一大笔钱。为了惩罚叶蓝的疏忽，公司扣了她一个月的奖金。发工资那天，同事们相约下班后一起出去娱乐一下，但叶蓝一点也开心不起来。

陈金涛看见叶蓝满脸愁云，就请她去吃西餐。席间，陈金涛向她传授了一些销售秘籍，叶蓝觉得"听君一席话，胜读十年书"，对以后的工作充满了信心。从饭店出来后，天已经有点黑了，他们突然发现，街对面站着刚刚聚完餐的同事们，正满脸狐疑地看着他俩，还不时地窃窃私语，场面非常尴尬。

几分钟后，陈金涛驾车离去，叶蓝也赶紧打了一辆出租车。第二天公司就谣言四起：陈金涛和叶蓝搞地下情。一时间，公司上下人尽皆知，更有好事者，还告诉了陈金涛的妻子，一场家庭大战随之爆发。公司的高层领导也开始找陈金涛谈话，有的董事会成员甚至认为他是"以权谋私"。这起"地下情"绯闻成了同事们茶余饭后的谈资，就连刚入职的新员工也在第一时间知道这则"娱乐大事件"。几天后，陈金涛向公司提出辞职，离开了他服务了4年的公司。没多久，叶蓝也因受不了流言蜚语，无奈地离开了公司。

作为将帅，如果不能很好地保持自己与下属之间的距离，就可能让自己处于危险的境地之中，甚至危及事业发展。故事中的陈金涛和叶蓝就足以为我们敲响警钟。

一位曾为多家企业当过咨询顾问的管理学博士说："我经常受邀到企业与公司演讲，也看到一些管理者跟下属保持适当的距离，我觉得这是正确的做法。"他表示，如果与下属关系太密切，甚至跟下属打成一片，办起正事来可能有困难。要避免这一点，管理者就要少和下属谈私事，以保持距离。

他举了一个例子：一个下属找领导谈私事，说自己早上要送孩子上学，不能准时上班。这个下属要表达的意思就是："希望你通融一下，让我可以晚点上班。"试想，如果每个人都有这样的要求，那么，公司就无法正常运作了。

同时，他也表示："不谈私事不代表就是摆架子。私事即是家里发生的事都可以谈，这样上司和下属的关系，慢慢转变为朋友，但如果下属把关系混淆，上司处理起公事就会有难处。这就像在军队一样，如果军官和下属没有距离，那么怎么发号施令，训练时也会有问题。"

职场中，上司与下属的距离太近，关系太密切，弊多于利。所以，将帅们有必要刻意与下属拉开一定距离。

事实上，上司与下属交往，保持距离才有美感。与下属相处时，上司需要在远近距离之间找到"黄金分割点"。距离太远时，将帅要自省，是否能看见自己和下属的交集；距离太近时，将帅要警觉，看看自己是否踩到了上下级之间的那条界线。这样，你就可以与下属保持安全的距离，美感也会随之产生。

严格执行规矩，莫让制度形同虚设

从管理的角度讲，身居要职的管理者都需要制定明确的制度，用以督促手下人。

俗话说："无规矩不成方圆。"规矩是我们在社会中生存与活动的准绳，我们总是要在规与矩组成的范围中活动。只有遵守规矩，我们才能有更好的发展，社会才会不断进步。职场中的管理工作同样离不开规矩，同时也离不开管理者的有效执行。

剑桥大学曾有一位著名的校长，非常善于管理，培养出了很多出色的学生。有人问他:"您为何能把学校经营得这样好?有什么秘诀吗?"这位校长笑了笑,说道:"因为我总是用'一条鞭子'惩治那些不听话、不上进的学生,并且奖罚严明。如果给我'一把手枪',我能把学校管理得更好,培养出更多优秀的学生。"

案例中这位校长所说的"一条鞭子"就是能够严格合理的学校制度。其实,学校也好,公司也罢,从管理的角度讲,身居要职的管理者都需要这样"一条鞭子",用以督促手下员工。

毋庸置疑,规章制度是实现有效管理的重要手段之一。通过完善的制度体系,包括职位说明、工作职责、考核、升职、晋升、奖金、罚金等各项制度,可以为管理者提供更好的管理标准。

著名企业家冯仑认为,制度无非就是将经常大量发生的事情统合起来,采取一个标准化的行为模式,用此来训练员工,最后让他们对制度负责,不再对个人负责。在具体实践过程中,建立制度不难,但是,坚持执行制度却很难,而将制度强化为制度文明更是难上加难。

要想让制度发挥它应有的效力,管理者就要有很强的制度执行力。但是,很多管理者只能做到有法可依,却无法做到违法必究、执法必严,以致员工工作散漫,迟到早退,毫无纪律性可言。那么,将帅们应该如何做,才能严格执行管理制度,打造一支铁军部队呢?

1.执行制度要公平

在团队及企业的规章制度面前,人人平等,谁都没有特权。引用一句古语,就是"王子犯法,与庶民同罪"。但是,有的管理者在执行制度时却看人下菜碟。对于一些业绩出色、工作能力优秀的员工,即便他们违反了制度,管理者也会睁一只眼闭一只眼。但是,当一些能力平庸、不招领导喜欢的员工触犯了管理条例时，领导就严格执行制度，甚至会加倍惩罚。这种不公平的执行方法最终只会引起民愤，削弱公司的凝聚力。所以，为将帅者要将制度的天平摆正，无论是谁，一旦违反制度，就依法办事，严惩不贷。

2. 特殊情况不"特殊"

有些管理者不知道是出于心软，还是退缩，在处理问题时，常常会允许特殊情况的发生，举个例子：某员工上班途中被楼上的一盆水浇湿了衣服，只好回家换衣服，结果迟到了。领导考虑到其情况特殊，就没有执行迟到扣20元的制度。

可能在这位员工看来，领导对他网开一面，很是感激。可是作为管理者要知道，这种对人不对事的处理方法，其实是在纵容那些制度观念差的员工，是在鼓励他们去为自己破坏制度找理由、找借口。久而久之，制度观念差的员工会成为"借口制造王"，明目张胆地不遵守制度却不受惩罚，而那些制度观念强的员工会因此而心里不平衡，也纷纷加入前者的行列，公司的制度形同虚设。

有一家服装公司的销售主管为了提高部门业绩，制定了一个针对销售人员业绩考核的制度：当月能完成任务且排名前3名的销售人员，给予他们3000元的奖励；不能完成销售任务且排名在倒数前3名的销售人员，给予通报批评并处罚3000元。但这个制度最终的执行结果是：奖金到位了，罚金却一分没有收到。

当然，销售主管并不是没有提过，月底他提出向未完成任务的销售人员收取罚金时，三个人各有借口：甲说："我的客户这个月做胃切除手术，现在还在住院，没时间办贷款。"乙说："我媳妇这个月生孩子，我忙前忙后地累了半个多月，现在还要帮忙伺候月子，要完成那么多销售额，实在太困难了！"

丙说:"我才来公司三个多月,手上积攒的那些客户都在上个月大促销中用完了,一个月的时间,我很难找到能帮我完成销售额的客户。"

听完这些理由,销售主管觉得他们的情况都很特殊,就免除了他们的罚金。有了第一次特例,以后每个月的销售制度刚出台,能力差的员工不想着怎样努力完成销售额,而是在第一时间找好不能完成任务的理由,他们觉得,反正主管会赦免有特殊情况的员工,何必那么辛苦地去跑业务?

从管理的角度来看,规章制度是对全体员工负责,是面上的制度,而不是点上的制度,如果考虑到所有点上的问题,那么,这样的规章制度等于摆设。所以,一个合格的将帅,应该对全员负责,而不是对个人负责,不能因为特殊情况而将管理制度推翻。

身为将帅,在严格执行管理制度的同时,也要时刻审视制度。当某些消极的制度阻碍了公司或部门的发展时,改善制度就成为一件必然的事情。制度是为了实现好的管理;在一定条件下修改制度,则是为了增强管理效力。

第 10 讲　欲使人尽其才，必先知人善任
——管理者懂识才方能做伯乐

俗话说："千军易得，一将难求。"作为一名管理者，首要的功力就是做好伯乐，学会在众多的员工中选拔出合适的人才，同时要学会运用人才和管理人才。只有这样，才能使每个人最大限度地发挥自己的优势，做到人尽其才，才尽其用。

做一个能识别人才的伯乐

一位卓越的团队领袖，非凡的选才和用才眼光必不可少，只有练就一双火眼金睛，对下属各自不同的性格特征明察秋毫，才能够因人而异，量才而用。

一位企业家曾说过："事业靠人才发展，人比资产更重要。"人才是推动企业稳步发展的重要力量，没有了充足的人才，企业很难实现跨越式的发展。

的确，在一个企业中，最重要的资源莫过于人，尤其是人才。有的管理者不以为意，认为企业最重要的是客户。诚然，客户是企业利润的重要来源，

但是，管理者要知道这一点：客户是需要靠人去发现、开发、维系的，如果没有企业中的"人"，客户是不会自己找上门来的。尤其是在这个竞争激烈、同类企业众多的时代和环境中，更是如此。离开了人，企业恐怕就要关门大吉了。

世界上有名的大企业无不是重视人才、善用人才的典范。比尔·盖茨曾这样感慨："如果把我们顶尖的 20 个人才挖走，那么，我告诉你，微软会变成一家无足轻重的公司。"此话足可以看出微软对于人才的重视以及人才对于微软的重要性。同为美国企业的福特公司在选拔人才方面流传着这样一个故事：

一次，福特公司生产车间里坏了一台马达，公司负责技术的能手都来了，但结果却很让人失望，没有一个人能够修复。福特公司只好另请高明。经过多方寻找，最终找到了原来在德国做工程技术的坦因曼思，当时他迫于生活压力，流落到美国，在一家小工厂里做技术工作。

坦因曼思到了现场后，认认真真在马达旁听了听，然后向工人要了把梯子，爬上爬下地观察了好一会儿。众人都看着坦因曼思，期待着他的答案。又过了十几分钟之后，坦因曼思在马达的一个部位画下一道线，在上面写了几个字：这儿的线圈多了 16 圈。

按照坦因曼思检查出的问题，负责的领导派员工将多余的 16 圈线圈去掉。果然，马达立即恢复了正常。

福特公司的当家人亨利·福特对坦因曼思的才华非常赏识，邀请他来福特公司工作，但坦因曼思却说："我现在的公司对我很好，我不能忘恩负义。"

亨利马上说:"我把你供职的公司买下来,你就可以来工作了。"

亨利·福特为了得到一个人才不惜买下一个公司。由此可见,人才的重要性是不言而喻的。俗话说,"千军易得,一将难求。"人才意味着高效率、高效益,意味着团队和企业的兴旺发达。一个团队如果没有人才,即使硬件再好,设备再先进,也必将难以支撑。

对现代企业而言,其核心竞争力的表现越来越集中于作为第一资本的人才的培育、拥有和运用能力。不管从宏观角度看,还是微观角度看,人才都是推动企业健康发展的力量源泉,人才是企业发展的决定性因素。

清朝时,在浙江杭州城内有个商人叫石建。他有一套属于自己的经商观念,那就是经商必须依靠天时、地利、人和,而在这三者之中,又以人和最为重要。

遵循着这一理念,在石建决定扩大自己的经营规模时,首先想到的是招聘一位好助手。可是,怎样才能找到理想的人选呢?石建左思右想,终于想出来一个妙招:他先贴出一张布告,说明本店招收徒弟,并列举了具体条件。经过一番考察,石建确定了3个面试对象。说好从3人中选择1个。到了面试这天,3位候选人一进门,石建便安排他们到厨房去吃饭,然后再面谈决定谁留下。

不一会,第一个面试者吃完饭,走到店前,石建问他:"吃好了没有?"这人回答说:"吃饱了。"石建又问:"吃的什么饭呢?"这人回答说:"饺子。"石建再问:"吃了多少个?"这人又回答说;"一大碗。"石建说:"你先休息一会儿。"

很快，第二个面试者也吃完饭来到店前，石建问他："吃了多少饺子？"这位面试者回答说："40个。"石建也叫这个人到旁边休息一会儿。

不一会，第三个面试者也吃完了。石建以同样的问题考问他时时，他和其他两位的回答有所不同，只听他说"第一个人吃了50个，第二个人吃了40个，我吃了30个。"谁知，听完他的话，石建立马决定将他留下，而不留其余两人。

有朋友问石建为什么只留第三个人？石建告诉他说："第一个人头脑不灵，只管吃，不计数；第二个人只记自己，不管他人；唯有第三个人，既知自己，又能注意观察别人，而这一点正是生意人必须具备的眼观六路、耳听八方的潜能。"果然如石建所预料的那样，留下的这个人在被雇用后，表现得精明能干，非常有经营头脑，很快成了石建的得力助手。

可见，石建在选择人才方面有自己的一套路数，善于选拔和任用头脑灵活之人。这为他的经商生涯奠定了坚实的基础。

为将帅者，要知道，视角的不同决定了视野的不同。高翔万里的雄鹰，看到的依然是在地上奔跑的兔子，而金龟子的眼里永远只有草原的粪球。人和人视野的不同、性格的不同，造成了不同的人适合做不同的工作。一位卓越的团队领袖，不一定在各个方面都才干超群，但非凡的选才和用才眼光则必不可少，只有练就一双火眼金睛，对下属各自不同的性格特征明察秋毫，才能够因人而异，量才而用。

索尼公司董事长盛田昭夫曾经说过："只有一流的人才，才会造就一流的企业，如何筛选、识别、管理人才，并证明其最大价值，为企业所用，是管理者最需要重视的问题。"

为此，盛田昭夫确立了衡量人才的两个尺度，即内在激情和外在能力。内在激情和我们平时所说的热情不可同日而语，激情比热情更有内涵。在生活和工作中，有些人虽然看上去外表平静，但其内心却充满着向上的激情。而外在能力通常是指这个人才所具有的专业技术能力、自我管理和管理他人能力、公关能力等等，这些都可以通过实际工作展现出来。

基于以上标准，盛田昭夫认为人才可以相对分为三类：

第一类人才，有着高昂的内在激情，也有着较高的外在能力；

第二类人才，有着高昂的内在激情，但缺乏较高的外在能力；

第三类人才，有着较高的外在能力，却缺乏高昂的内在激情。

当然，一个人的激情和能力能够给团队、企业创造的价值不是简单的加法关系，而有可能是乘法关系，甚至平方、立方的关系。因为其中任何一个因素的增加，都有可能导致结果呈几何级数增长。

我们先来看第一类人才，这类人才对于团队来讲是最理想的管理型或专业带头型人才。对于团队管理者来说，最需要做的是给这一类人才充分的权力，让他们在宽松的环境中充分发挥聪明才智，实现他们自己的目标；同时，也要赋予他们较高的责任，促使他们最大限度地发挥其创造能力，从而形成强大的组织合力，推动团队向健康、良性的方向发展。

第二类人才大多出现在新招聘的员工中。他们往往工作热情很高，态度端正，但是由于没有工作经验，动手能力也很差，所以工作效率相对较低。

对于这类员工，管理者要做的就是肯定他们的激情，就像对待小孩子一样，要多鼓励、少批评。要知道，这时候对他们的鼓励，可能会引爆他们最原始、本能、潜力最大的激情。

当然，由于这类员工存在一定的能力不足问题，这就需要管理者通过制定相关制度对他们提出严格要求，进行系统、有效地培训，同时鼓励他们大胆实践，以便在工作过程中增长才干。同时，需要提醒的是，一定要先安排这类员工在一线进行锻炼。对这类员工的管理不能一蹴而就，而应把它看作一项长期的投资，所以需要管理者具备充分的耐心。

第三类人才多为专业领域中的技术性人员，他们是组织中价值很高的财富。通常看来，这类员工对于自己的职位和长期发展没有明确的目标，需要管理者给予激励和鞭策。一方面，管理者要对他们的能力给予一定肯定和信任；另一方面又要对他们提出具体的期望和要求，使他们看到自己的价值，激发他们努力工作的动力。需要引起管理者注意的是，这类员工往往会产生对现状不满的情绪，尤其对自己的报酬和上升空间不满。这就需要管理者时常与之进行沟通，帮助他们调整心态。

不拘一格降人才

　　作为管理者,应该将眼光放宽,唯才是举,不拘一格,才能网罗真正的人才。

　　近些年,职场上"重能力,轻学历"的呼声虽然很高,但受传统观念影响,很多管理者在选拔和任用人才的时候,依然着重于学历,认为学历高能力自然也高。从某个角度来看,这种认识不无道理,学历高说明接受的教育程度高,同时也说明人家在学习的过程中是认真投入的,并且是聪明、有智慧的。

　　但是,如果把学历和能力完全等同起来,认为一定成正比的话,可就有失偏颇了。有的企业管理者在选拔和任用人才时,不断在招聘条件上提高学历要求,从大专升至本科,如今,连本科也难入他们的法眼,只有研究生及以上学历,他们才会考虑任用。

　　实际上,这样的做法是很狭隘的,会让公司流失很多优秀的、能力出众的人才。作为管理者,应该将眼光放宽,唯才是举,才能网罗真正的人才。

　　古往今来,有很多先辈在这方面的做法值得现代将帅们借鉴,在此我们举一个元世祖忽必烈的例子。

　　元世祖忽必烈被公认为我国历史上的一代杰出帝王。因为他不仅打出了中国历史上最大的版图，而且在用人上也能慧眼识才，唯才是用。其中，让18岁的安童担任丞相就是一个例证。

安童，是元初"开国四杰"之首木华黎的孙子，在他13岁那年，就倚仗祖父的威名，被"召入长宿卫，位在百僚之上"。

虽然身为名门子弟，但安童从不愿意倚靠祖辈的荫庇，而是和其他孩子一样勤奋学习。正是因为这样，胸怀大志的安童表现出了与众不同的成熟和稳重。

安童16岁时，元世祖与阿里不哥在争夺皇位中获胜，一举率军拘捕了阿里不哥的党羽千余人，元世祖问安童："我想将这些人杀掉，以绝后患，你认为怎么样？"

安童却说："以臣之见，自古以来，人各为其主，他们跟随阿里不哥也是身不由己，这由不得他们选择。陛下现在刚刚登上皇位，要是因为泄私愤而杀了这些人，那又怎么能让天下人诚心归附呢？"

一个16岁的少年竟然说出这样有见识的话来，元世祖惊讶地说："你年纪这么小，怎么知道这番道理呢？其实，我只是说说，我并不打算杀他们！"

一晃两年过去了，安童已经18岁了，元世祖一直细细地观察着安童，见他处世练达，办事果断，为人稳重，足智多谋，于是就决定破格提拔他为中书右丞相。

知道元世祖这一想法后，安童赶忙推辞道："虽然大元已经安定了三方，但江南还没有归属朝廷，臣年少资轻，恐怕四方会因此而轻视朝廷，还请陛下另请高明。"

但是，元世祖主意已定，毫不动摇，说："我已经考虑清楚了，你就不要再推托了。"

用一个18岁的年轻人为丞相，在大一统的王朝中，是绝无仅有的。少年得志的安童，自然会招来不少人的忌妒，劝说元世祖不应该将大权交给一个小孩子。

元世祖语重心长地说，"如果用人论资排辈，那我岂不是要等到安童三四十岁，甚至更老的时候才能提拔他？那时的安童可能已经锐气全无，才思迟钝，这将是对人才的扼杀。"

后来，有几位权臣想削夺安童的实权，建议设尚书省让阿合马主持，而让安童居三公之位。

元世祖把这件事交给大臣们讨论，最后说："安童，国之柱石，若为三公，看似给了他权职，实际上是夺了安童的实权啊，这样的做法我不同意。"

自此之后，安童一直身居要职，直到49岁因病去世，为元世祖效力长达31年，为元初国家的稳定和繁荣作出了巨大的贡献。

正是因为没有遵循人们一以贯之的"论资排辈"，而是破格提拔，才使得安童在风华正茂之年为国效忠。元世祖的英明之举不得不让人敬佩！

可时代发展至今，不少企业的管理者在选拔人才的时候，却还会不自觉地按个人的外在因素综合出资历大小，辈分高低，再让所有人按"辈"就班，依次考虑。殊不知，这种做法会压制真正有才能的人，使组织出现僵化和凝固的情况，从而停止前进的步伐。古人曾指出："资格为用人之害"，只有唯才是用、不拘资历，才能得到真正的人才。

从这一点上讲，现代企业将帅们就有必要借鉴和学习一下古人了。作为管理者，忽必烈的唯才是举是很值得参考和学习的，不要只看一个人的外貌、学历等外在的东西，要深入了解其内在，然后再判断其是否为人才。

一个民营企业的销售经理曾讲过这样一件事情："我亲自带过一个员工，她相貌平平，而且只有高中毕业，在公司的员工中，她是最不起眼的一个。但是，她的工作态度很好，非常认真地向老员工学，自己又努力去实践。我觉得她很有潜质，就提拔她当我的助理。她果然没有让我失望，进步非常快，已经是销售部的精英了。"

唯才是举，会让管理者挖掘到很多人才。但是，要做到这一点，并不是那么容易。要想做到这一点，不妨看看下面几个需要注意的地方：

1.为将帅者要具备宽广的胸怀

比如说，有个员工你很讨厌作为他的头领，绝不能因为个人恩怨，就忽略了人家身上的才能，甚至遏制他的发展。正确的做法是：让他尽其才，发挥自己的才能。

2.讲究方法才能有的放矢

虽说将帅们大多独具慧眼，能在众人中一眼看出谁的本领强，谁的潜力大。但是，这个人不一定就是众人眼中的优秀者。比如，与老员工相比，他资历尚浅。如果管理者不讲技巧，直接将其委以重任，恐怕就会激起民愤。在这方面，将帅们可以向"经营之神"松下幸之助学习。

在日本的公司中，有一个不成文的升职规定：依照资历升迁。这也就是说，破格提拔人才的阻力很大。因此，在真正需要破格提拔人才时必须特别非常谨慎。所以，松下幸之助想出了一个很好的办法。

首先，在提拔新课长时，他会先广泛地征求课内人员的意见。因为如果年长的员工对新上任的课长不满意，而公司领导采取强制宣誓的办法的话，不仅不能达到目的，反而会带来许多麻烦。

其次，他用耐心和技巧来说服年长的员工，让他们同意和支持新人升迁。松下幸之助认为："当你把某人提升为课长时，等于忽视了该课内曾经照顾过这个人的许多前辈。我觉得，如果只是把派令交给新课长并予以宣布，是不够的。我主持公司时，总是交代得很清楚，那就是让课内资格最老的人，代表全体课员向新任课长宣誓。"

当一个新人接受课长的派令后，会致辞："我现在奉命接任课长，请大家以后多多指导及协助。"然后，课内资格最老的成员会代表全体员工致贺词："我们发誓服从新课长的命令，勤奋地工作。"这样，就会提高新任课长的威信。

对于提拔人才，松下幸之助总是会强调这样一点，那就是：在提拔人才的时候，一定不要有任何私心，是否适合工作才是任用人的重要标准。只要这个人有才能，就要尽力给予提拔，这种为工作提拔贤才的做法，其他的下属也是会理解和支持的。

的确，松下幸之助正是以唯才是用为选才标准，并善用技巧，使他破格提拔了很多优秀人才，大力推动了企业的发展。身为将帅，是不是有必要向"经营之神"学习点什么呢？

选才应德才兼备，以德为先

选拔人才时，要遵守这样的原则：有德有才重用，有德无才可用，无德有才慎用，无德无才弃用。

"21世纪什么最重要？"

"人才！"

这句几年前热映过的电影中的台词至今言犹在耳。没错，人才是任何一个团队和任何一家企业发展的根本。和其他方面比起来，人才才是企业发展的第一要素，是推动企业发展的最强大力量，也是企业必须紧紧抓住、努力开发的最核心资源。

然而，现实生活中，是什么景象呢？很多企业并不缺能力强、学历高的人，甚至有的企业精英荟萃，可是让人迷惑的是，在这样的企业或者团队里，却面临着发展动力不足的困境，甚至有的还惨遭淘汰。

仔细挖掘其中原因，我们会发现，这样的企业虽然能力强、学历高的人不稀罕，但是他们大多缺乏诸如忠诚、敬业、服从、正直、诚信等优良品德，而一个优秀的员工，是必须要具备这些品质的。试想，一个企业中员工人品普遍低下，充满重重矛盾、钩心斗角、尔虞我诈，又怎能发展壮大呢？

北宋著名史学家司马光曾经说过："德，才之帅也；才，德之资也。"意思就是说，德，是才的统帅；才，是德的辅助。他将人才分为四种："德才兼备为圣人，德才皆缺为愚人，德高于才为君子，才高于德为小人。"他曾感叹，许多君主用人时，都会被其才能所迷惑而忽视了品德，最终亡国毁家。因此，他的选才思想是：以德为首，因为君子凭才能而行善，小人凭才能而作恶。

在这方面，清朝著名军事家曾国藩拥有一双善于识别德才兼备者的慧眼，经他之手，曾有不少栋梁之才涌现出来。他选才的思想与司马光一样：在德才之间，他更强调人的品德。曾国藩所谓的"德"，含义很广泛：忠诚、踏实、正直、勇敢等都属于有德。他强调要"于淳朴中选拔人才，才可以蒸蒸日上"，这里的"淳朴"就是指朴实、诚实等优秀品质。他认为："德就是在政治上要忠于自己的信仰与事业，要能心甘情愿地为之竭尽全力；在作风上要质朴实在，能吃苦耐劳；在精神上要坚忍不拔，顽强不屈。"

正是在这种选才标准下，他提拔了后来成为台湾首任巡抚的刘铭传。

一个阳光明媚的午后，曾国藩的家中来了三个年轻人，他并没有立刻接见他们，而是让他们在大厅中等待，一直到黄昏时，曾国藩才露面。

原来，这三个年轻人是曾国藩的学生李鸿章向其举荐的，希望他们可以得到曾国藩的赏识，做出一番事业。而曾国藩迟迟不肯相见，就是想考验他们一下。他一直在暗处观察他们的举动，发现三人各有不同：一个人四处观察屋内的摆设；一个人规规矩矩地坐在椅子上；一个人则站在门口，仰望天上的云朵。时间一长，前两个人开始露出不满的神色，而第三个任仍旧面色平静地欣赏美景。

看到这一切后，曾国藩走到大厅，和他们攀谈起来。几轮谈话下来，曾国藩又有了新的发现：四处观察屋内摆设的年轻人和他很有共同语言，讲起话来滔滔不绝，另外两个人则显得沉默寡言。但是，那个一直在门口欣赏美景的年轻人虽然话语不多,但常常语出惊人,见解独到,偶尔还会顶撞他。天色渐晚时,三个年轻人起身告辞。

他们离开后,曾国藩就对三个人做出了职位安排,结果让人很意外:他将顶撞自己的年轻人派去军前效力,让那个沉默寡言的年轻人去管理钱粮马草,而那个与他很谈得来的年轻人只是做了一个有名无权的小官。

众人对这个安排十分不解,有人问道:"曾大人,您为何将与您最投机的人排斥在外,却让一个有些高傲的年轻人去军中任职,还让军中的大将重点培养他?"曾国藩笑着说道:"那个和我很谈得来的年轻人,在大厅等待的时候,就认真观察大厅的摆设,他与我说话的时候,我能感觉到,他对很多东西根本不精通,只是投我所好而已。而且,在背后发牢骚发得最厉害的就是他,但见了我之后,他却最恭敬。由此可见,他是个表里不一的人,有才无德,不可委以重任。那个沉默寡言的年轻人,说话唯唯诺诺,没有魄力,但性格还算沉稳,至多可做刀笔吏。而那个顶撞我的年轻人,虽然在大厅里等待那么长的时间,却毫无怨言,还有心情观赏浮云,这份从容淡定就是少有的大将风度,而且,面对我这样的高官,他还能不卑不亢地说出自己的独到见解,可见品德高尚,是少有的人才,我当然要提拔他。"众人听后,连连点头称是。

受到曾国藩提拔的那个年轻人就是刘铭传,他与曾国藩的期望一样,在一系列征战中表现出色,迅速成为军中名将,还因战功显著被册封了爵位。年老之时,他还重跨战马,率领台湾居民抗击入侵的法军,扬名中外。

识才、选才、用才,三者是相辅相成、一脉相承的。曾国藩慧眼识才,以德选人的故事,很值得现在的管理者深思和借鉴。作为团队主管人员,在选拔人才时,要遵守这样的原则:"有德有才重用,有德无才可用,无德有才慎用，无德无才弃用。"如果一个管理者只重视员工的才能，而忽视其品德，最终只会给企业造成损失。或许，我们能从下面这个案例中获得某种启示。

春节过后，温浩负责的部门新招聘了两名业务员，一个叫李达，一个叫黄鹏。按照公司规定，新员工都要有两个月的试用期。

很快，两个月过去了，在短短两个月内，李达的签单位居整个销售部第三名，为公司创造了可观的利润。为此，作为主管的温浩对他另眼相看，觉得这是个可造之才，甚至在一次部门会议上表示，要提拔温浩做他的助理。

此后没几天，温浩收到了好几封匿名邮件，里面的内容意思相近，大致是说李达这人的品质不太好，当助理好像不太合适，他们反而觉得黄鹏不错。

温浩心想，我们作为销售部，看中的就是业绩，在这一点上，李达绝对强于旁人。虽说黄鹏态度很好，但业绩要逊色一些，不适合升职。于是，他坚持己见，让李达坐上了助理的位置。

没想到，升职后的李达的表现并不是像温浩所期待的那样。他狂妄自大，总是无事生非、挑拨离间，使员工之间矛盾重重，把一个好端端的部门弄得乱七八糟。他还暗地里拿客户的回扣，将一些商业机密透露出去，给公司造成了不小的损失。

而一直没被温浩看好的黄鹏，则一直脚踏实地地工作，敬岗敬业，乐于助人，尽管没有得到重用，却没有抱怨，依然努力做好自己的工作，不仅为企业创造了经济效益，也以优良品质得到了同事的尊重和客户的认可。

经历了这件事后，温浩深有感触地说："一个员工有才无德，最终会危害公司的利益。李达出了问题，主要不是出在才上，而是出在德上；部门的员工对他不满意，也主要是对他的德不满意。所以，德才兼备、以德为先，应该是我们的首选用人标准。"

温浩用自己的经历为人们做出了警示：德才兼备、以德为先，应该是选用人标准。

某著名企业的用人哲学就是："有德有才，破格使用；有德无才，培训使用；有才无德，限制使用；无才无德，绝不使用。"古代管理者所讲的"以貌取人"看重的是一个人的外貌，而现代管理者推崇的"以才取人"，注重的则是能力。但是，如果一个"才貌双全"的人却品德不健全，那么，在当今注重品德与诚信的职场大环境中，他的路就会越走越窄，最终进入死胡同。

曾有这样一家企业，他们录用员工的时候，提出的第一个问题居然是其对老人是否孝顺。在他们看来，不孝则无德，而无德之人即便才华横溢，也不能被信任与录用。这就是选人先选德，他们为人才树立起了一杆品德的标尺，这是值得鼓励与倡导的。

意大利诗人但丁有句名言："一个知识不全的人可以用道德去弥补，而一个道德不全的人却难以用知识去弥补。"才能不出色，可以通过自身努力和他人的帮助而提高。但是，品德低劣却是很难改变的。所以，将帅们要改变"有才即可"的选才观念，要用品德作为筛选人才的第一工具，这样，才能将真正的人才网罗到自己的部门中。始终需要铭记：好的人品也会成就优秀的企业，一定要用人才，而不要用"奴才"。

管理者要学会用人之长、容人所短

有些短处是工作中潜在的炸弹，处理它们的明智办法不是一次性地清除，而是利用短处更好地为公司服务，最大限度地减少其危害。

对于"扬长避短"这个成语我们都很熟悉，其意思就是说，要尽可能发挥长处，而要避开短处。就好比兔子和猫一起爬山，由于兔子后腿较长，爬山是它的优势，猫自然不是对手。可是如果让它们爬树，肯定就是猫比兔子快。

这就是说，谁都有自己的优势和劣势。对于职场上的将帅们来讲，运用人才时要懂得发挥下属的优势，避免其劣势。其中，"扬长"尤为重要。

一位人力资源专家指出："虽然扬长与避短是用人过程中对立统一的两个方面，但扬长是起决定性作用的主导方面。因为人的长处决定着一个人的价值，能够支配构成人的价值的其他因素。扬长不仅可以避短、抑短、补短，而且更重要的是，通过扬长能够强化人的才干和能力，使人的才干和能力朝着所需要的方向不断地成长和发展。"的确如此，用人就要用他的长处，使他的长处得到发展，短处得到克服。

我们再来看一个日本"经营之神"松下幸之助的案例。

第二次世界大战后，松下幸之助为了重建松下集团的胜利者唱片企业，决定选一个优秀的人才担任胜利者唱片企业的经理。该企业是以经营音乐唱片为主的大型企业。按理说，松下幸之助应该选择一位对音乐和唱片颇有经验的人，担任经理一职。但是，出乎大家意料的是，他最终选择了对音乐、唱片一窍不通的原海军上将野村古三郎。

野村古三郎曾在日美战争中担任特命全权大使，在日本小有名气，但从未涉足商业，更别说唱片业。对于他出任松下集团胜利者唱片企业经理一事，质疑的声音此起彼伏，很多人怀疑他是否能胜任此职。就连野村自己也很犹豫，他觉得自己完全不懂业务。在松下幸之助的一再邀请下，他提出了一个要求：出任经理一职可以，但松下幸之助必须给他派几个懂业务的人做助手。松下幸之助欣然同意。

野村上任后，质疑他的人有增无减。在一次董事会上，大家谈到音乐作品《云雀》时，他问别人：" 《云雀》是谁的作品呀？"作为唱片企业的经理，竟然对名曲《云雀》一无所知，这件事很快流传出去，一时间，人们议论纷纷，一些高层也开始说服松下幸之助辞退野村，另谋人才。但松下幸之助坚持己见，丝毫没有动摇。

松下幸之助之所以如此固执，自然有他的道理。他认为，野村为人不但豁达大度、人格高尚，而且还极会用人，擅长经营。他认真地分析了野村的长处和短处后，采取了扬长避短的策略：给野村配备了能力出众的业务人才，让他们承担一切业务工作。这样，野村就可以摆脱具体业务的羁绊，尽情发挥组织、调度、协调的长处。结果，一切如松下幸之助所料，胜利者唱片企业在野村的管理下，经济效益迅速提高，企业的发展形势一片大好。

看得出，松下幸之助充分挖掘了野村的潜能，使之带领团队取得了良好的效益。在"扬长"的同时，我们还应看到，松下幸之助还很讲究"避短"的策略，这为野村摆脱了短处的羁绊，可以尽情地发挥其长处，带领好团队，为企业创造效益。

我们发现职场中有不少管理者，他们虽然也将"用人之长"的理念发挥得淋漓尽致，但还是失去了很多人才，原因何在呢？其中最关键的就是因为他们不能容人之短。比如说，有的管理者一旦发现下属有这样或那样的缺点，就不再委以重任，这种做法显然是很不理智的。

我们常听说"金无足赤，人无完人"这句话。作为将帅，一定要辩证地看待人才，既要看到其优点，又不能抓住他的缺点不放。唐代陆贽曰："若录长补短，则天下无不用之人；责短舍长，则天下无不弃之士。"用人之长、容人之短，是唯才是举的一个重要原则，做到这一点，将帅们也许会有意外收获。

崔紫玉是一家公司的人事总监，她曾讲过这样一件事情："我做人事主管的时候，曾经碰上一个难题。有一个员工非常老实，但是老实得有点过头。他不爱讲话，也不会请教别人，工作总是完成得不好。但是他很遵守公司的各项规章制度，从不迟到早退，并且忠于职守。我几次萌生辞退他的念头，但看见他认真的工作态度，我就很不忍心。为了他的职位安排，我很是伤透了脑筋。让他在公司闲着，不仅要照发工资，而且别的员工会有意见；给他工作，他却什么也干不好。慢慢地，我开始灰心丧气。恰好这时，公司的仓库需要有人盘点和看管。但由于工作太枯燥，谁也不愿意去。原来的库管，大都耐不住寂寞，经常跑出去聊天。于是，我就将这个老实员工派去当库管。让我意想不到的是，他在这个岗位上干得非常好。因为他整天面对着大堆材料，根本用不着说话。他的守职和诚实，非常适合这个工作。我暗自庆幸，幸亏当初包容了他的短处，不然，不知何时才能找到一个称职的库管。"

容人之短是一个管理者应具备的素质，但这里所说的容并不是无限度、无原则地容。所谓能容忍的"短"，必须是不影响大局的小"短"。如果是涉及根本原则、严重妨碍公司发展的短，就不能一容再容了。

从某种意义上说，有些短处是工作中潜在的炸弹，处理它们的明智办法不是一次性地清除，而是利用短处更好地为公司服务，最大限度地减少其危害。某公司曾对全体员工进行了性格测评，公司的管理者依照测评结果，不但让各人发挥长处，而且利用每个人的"短处"为企业作贡献。比如：他们让喜欢挑三拣四的人当质检员，让好胜心强的人去管生产，让喜欢炫耀自己的人去搞市场公关等，达到人尽其才的良好效果。

容人之短的最高境界并不是无限制地包容，而是化短为长，使公司的每个人都有发展机会，有展示自己的舞台。这也是古往今来开明管理者的一个重要管理思想。

刘邦出身卑微，文才武略也不出色，但他却能打败楚霸王项羽，建立大汉伟业，原因何在？用他自己的话说，就是"夫运筹策帷帐之中，决胜于千里之外，吾不如子房。镇国家，抚百姓，给馈饷，不绝粮道，吾不如萧何。连百万之军，战必胜，攻必取，吾不如韩信。此三者，皆人杰也，吾能用之，此吾所以取天下也"。子房、萧何、韩信都不是全才，也都有这样那样的短处，但刘邦却巧妙地用其所长、容其所短，让三人互补，于是一种合力产生了，刘邦借助这股力量，坐上了皇帝的宝座。

世界上没有绝对的事物，只有相对的。人的长处和短处也是如此，可以在一定的条件下相互转化，关键在于管理者如何运用，为下属创造怎样的条件。

美国柯达公司在制造感光材料的时候，需要有人在暗室里工作。但是，一个严峻的问题出现了：视力正常的人一进入暗室，视力就会严重下降，根本无法工作。针对这个问题，一位主管提出了解决方案：有一种人习惯于在黑暗中生活，如果让他们来做这个工作，一定能提高工作效率，这种人就是盲人。于是，柯达公司经理下令：将暗室的工作人员全部换成盲人。

柯达的这一举动非常成功，不仅提高了劳动生产率，为公司增加了利润，而且给大众留下了唯才是用的良好印象。这件事情之后，很多优秀的大学生、研究生和专业人才，都争先恐后地到柯达公司应聘。

不得不说，柯达公司非常善于挖掘出员工的优点，这也是用人艺术的精华所在。人之长处固然需要重视，但包容短处，并在短处中想办法挖掘其长处，由善用人之长发展到善用人之短，就可以使"劣马"变成"千里马"，从而大大加速公司前进的脚步。

因此说来，每位将帅都有必要把用人之长、容人所短的方法有效地实施到行动中去，这无论对于员工，还是对管理者本人，抑或对企业，都是有利无害的事。对员工来说，能够使其在工作中发挥自己的特长，提升业绩，增强自信心，也有利于其个人能力的不断提高；对将帅们来说，能够精准地发现和发挥员工在工作中的长处，对于自己管理水平的提升是极为有利的，同时也有利于培养员工成为工作中的得力助手，分担相应工作，使自己能够集中精力思考更复杂、更重要的问题；如果从整个团队乃至企业的角度来看，则能够实现人尽其才的良好工作局面，这不但将对人力资源的优化起到推动作用，而且还会有效提升整个企业的管理水平。

绕开用人的误区

"得人才者得天下，失人才者失天下。"管理者对人才的选拔和使用是否得当，会直接关系到其事业的兴衰成败。

"越聪明越受聪明苦，越痴呆越享痴呆福，越糊涂越有糊涂富。"这是我国元代著名词人马致远对识人方面出现误区的至理名句。它说明了识人之误必将产生是非不明、贤佞不辨的后果。

对于现代企业中的将帅们而言，虽说用人方法较之以前发生了明显的变化，但有些管理者仍墨守成规，用旧的思维方式和用人方法判定员工是优是劣，陷入了一个又一个的用人误区。

要想让自己成为一个合格的将帅，那么就得"除旧迎新"，别掉进误区陷阱里。当然，将帅们还需要擦亮双眼，绕开误区。至于哪些误区容易藏而不露，让将帅们掉到里面去，我们特别总结了下面几点，相信能够为您在识人方面的工作带来一些帮助。

1.只储备，而不考虑任用

现在，一些企业会打出"储备干部"的招聘启事，言下之意就是为企业储备一些人才，以备不时之需。虽然这种未雨绸缪的策略并非坏事，但如果只备不用，就得不偿失了。

一位资深人力资源顾问在一篇博文中这样写道："据了解，85%的公司都设置了储备干部一职，并拥有大量的'存货'，但真正由'备'而'用'的不足15%，80%以上的储备干部都被埋没在'仓库'中。而公司也常常遇到尴尬事，当某个职位出缺时，按程序要进行民主选举，但选出来的并非储备干部。一家公司进行人事调整，出现了很多职位空缺，但人事主管却规定30岁以上的员工不能竞聘助理以上级别的职位，有些年轻员工从进公司起就当了储备干部，结果却因年龄问题被踢出局了。那家公司中流传了一句话：'三十到了头，昨日之日不可留；二十没奔头，今日之日多烦忧。'这些储备干部被公司长时间地'储备'，浪费了大好的青春时光，激情日渐消逝，公司的储备让他们疲惫不堪。"

要知道，人才不是取款机中的钞票，可以随意存取。而且，人才的理想实现感很强，如果被无端地闲置在一旁，就会适得其反。

2.不舍得在培养人才方面进行投资

不少企业在招聘员工时，都注明要求有几年工作经验。很多管理者对此也甚为赞同，他们认为，企业不是培养人的地方，你来了就得能干活，来了再让我们培养你，消耗也太大了，短期内看不到效益的事坚决不做。

所以，很多团队管理者和企业不肯在培训上花一分一毫。实际上，这种观点是很狭隘的。企业要找到合适的人才并不容易。很多时候，只能找到有可能发展为合适人才的人。所以，后期的培养是很重要的。而将一个"半成品"，甚至是"次品"培养成适合企业的"优质品"，势必需要金钱的投入。但这是一笔划算的买卖，回报率一般都会高于投资率。

下面这个案例，就能充分说明这一点：

春兰集团为了提高员工素质，打造高品质团队，十分注重对员工的培养。春兰集团的管理者深知，一个企业不但要用好人才，更要培养好人才。

很多人或许都听过春兰学院这所企业大学，它的创建者正是春兰集团，于1998年斥资6000万元建成，春兰学院也是国内第一所企业大学。为了让学员们学习到更多知识，院内设置了一整套的语音室、计算机房、实验室等，并配备了健全的教师队伍。同时，春兰集团还与著名高校，比如，美国的麻省理工学院、南京大学、上海交大、上海理工大学等合作，共同培养人才。这些高校先后为春兰集团培养了MBA、国际贸易、制冷、计算机、电子、广告策划、人力资源管理等10余个专业的数百名各类人才，让春兰集团飞速发展，成为集制造、科研、投资、贸易于一体的多元化、高科技、国际化的大型现代公司，产品销往世界120多个国家及地区。

3.大材小用

有人说："大材小用，不如不用"，这句话不无道理。这就好比用牛刀去杀鸡，实在是浪费之举。这也道出了人力资源管理中用人的本质要求，即把合适的"材料"——员工用在合适的岗位上，发挥他们最大的效用。

关于大材小用的危害，著名管理学家理查·柯乃洛曾说过："将小问题交到'解决大问题'的人的手里，比之将大问题交到'解决小问题'的人的手里还要糟。将小问题交给'解决大问题'的人物，他们必将厌烦乏味，不仅把兴趣转移到别的方面，而且还会离你而去。那就等于糟蹋人才。"作为领导，小材大用，大材小用，都不是理想的用人之策。管理者应该善于把握一个员工的能力和优势，让他担任合适的职位，这才能才尽其用。

4.看中工龄和资历，并以此限制新人

有一些管理者，很注重下属的工龄和资历，认为年头越长，资历越深，经验就越老到，能力也就越强，而新人则是初出茅庐，很多事还不懂得，为此不把他们放在心上。

三年前，宋荔大学毕业后，进到一家报社做责编。由于工作努力，头脑灵活，她现在已经是"情感版"的主笔。三年来，宋荔写出了不少有良好反响的文章，还拿了不少奖。按理说，她现在正处在事业发展的上升阶段，但是，最近一段时间，她却计划跳槽，去另外一家杂志社应聘做编辑。

宋荔这样做实属无奈之举，她很喜欢自己的工作，几年来和同事们以及

报社本身都建立了深厚的感情。但是，一想到报社的管理状况，她就不得不忍痛割爱，决定离开。

原来，报社至今还在实行多年前的管理机制，宋荔这样的年轻编辑在外面辛苦跑几天写出来的一篇稿子只能拿到很微薄的补助，并且还是要在完成每月规定的任务量的情况下才能拿到。

对此，报社领导有自己的一套说辞："编辑们已经拿了基本工资，到外面跑新闻写文章是分内的事情。"对于领导的说法，宋荔极为不满："根本不是这么回事，领导就看我是新人，资历和工作经验少，就不给我们高薪。自己部门的几个年轻编辑一天到晚在外面跑，每月能够完成十几篇优秀的稿子，但是，工资却比不上那些一个月只发一两篇稿子的老编辑，资历、经验真是害死人！"

其实，类似宋荔这样的情况在职场中并不鲜见，的确有一些管理者偏向于资历、经验丰富的老员工，而忽视能力出众的新员工，导致很多年轻人才出走。所谓"不管黑猫白猫，能抓耗子就是好猫"，如果员工做得出色，管理者就应该给予相应的回报，而不是用资历、经验这些外在条件限制他们的发展。

5.完全忽视已经离开的员工

美国哈尼根公司的总裁曾经说过："如果雇员桌子上一台价值2000美元的台式计算机不见了，公司一定会对此展开调查。但是如果一位掌握着各种客户关系、年薪10万美元的经理被竞争对手挖走，公司就不会进行调查，员工们也不会被叫去问话。"一些公司的管理者往往将眼光聚焦在在职员工身上，而忽视即将离职的员工，不知道他们为什么离开，甚至连他们去了哪里也不知道。

其实，对于要离职的员工，管理者同样应该给予关注，并尽量与其进行一次面谈，了解其离职的真正原因。通过面谈，管理者可以了解到离职员工对公司的一些看法和意见，然后根据实际情况，对公司的管理制度及薪资结构进行调整，防止继续发生人才流失的情况。

总而言之，为将帅者能否在人才的选拔和使用上做得漂亮，将直接关系到其个人及团队的兴衰成败。"得人才者得天下，失人才者失天下。"从这句话中也不难看出，领导用人势必关系到团队的盛衰和企业的兴亡。本文中列举的这些用人误区，希望管理者们能引以为戒，尽可能避免踏入误区，这样才能让自己的管理之路少一些羁绊，多一些顺畅。

第11讲 欲使无为而治，必先科学授权
——管理者会授权方能享从容

一个人的精力是有限的，成功的人却能在有限的精力内做出无限的业绩来。高度的集权管理只会使管理者筋疲力尽，使团队运行缓慢。所以，一个杰出的将帅要懂得适当放权，大胆地将权力下放给各个下属，给他们充分发挥自己优势的机会。

学会合理授权、适度放权

作为将帅，应该以身作则，但不必事必躬亲，否则，自己忙得不可开交不算，下属也得不到应有的锻炼和成长，企业的发展也必将受到很大局限。

近两年，红极一时的职场小说《杜拉拉升职记》中的女主角杜拉拉有两个管理方式截然不同的领导，一个是紧握权力不撒手，唯恐杜拉拉威胁自己职场地位的行政经理玫瑰，另一个则是充分授权给下属的人力资源总监李斯特。

起初，杜拉拉在玫瑰手下工作时，事无巨细都要一一请示汇报，然后才能去执行。这样的结果就是杜拉拉做起事来瞻前顾后，缩手缩脚，工作能力也没有明显的提高，为此她郁闷不已。

待到玫瑰暂时离开公司后，杜拉拉直接归李斯特管理，李斯特的管理方法很人性化，进行一项工作前，杜拉拉只要和他进行简单的沟通，他就放手让拉拉去做，在这样的管理下，杜拉拉充分发挥了主观能动性，工作能力大大提高，成为李斯特的得力干将。

看看我们周围，像李斯特这样的管理者并不多见。相反，像玫瑰一样喜欢大权在握的管理者却并不少见。

这样的管理者或许认为凡事只有自己插手才放心，才能做好。实际上，这种做法对于下属及整个团队的成长极为不利。对下属来说，不敢施展手脚，就像杜拉拉在玫瑰手下一样缩手缩脚地工作。在这样的局面下，即使有才能也未必施展得出来。而团队是由一个个下属组成的，如果大家都这样，团队还有什么发展可言？

另外，领导们也需要清楚，一个人的精力是有限的，成功的人却能在有限的精力内做出无限的业绩来，事必躬亲的领导虽然把有限的精力耗光用尽，收获却往往少得可怜。

祁国庆是一家公关公司的经理，他每天要面对数不清的文件，还要经常接待客户。他经常抱怨说自己要多长一双手或多长一个脑袋就好了。很明显，祁国庆已感到疲于应付。他也曾考虑过添加个助手，或者将权力下放给下面的客户部负责人和媒介部负责人，可最后还是刹住了自己的一时"妄想"。因为他认为这样的结果只会让自己多看两份报告，与其如此，还不如自己亲力亲为。

上至公司中层管理,下至普通员工,都知道经理将权力掌握在自己手里,公司每项工作都需要自己去安排,所以他们每做一件事都在等待经理下达指令。于是,公司里常常出现这样一幕场景,祁国庆刚走进办公室,门口就有好几名下属排队等候找自己签字,或者请示。

终于有一天,祁国庆忍不住了。他告诉几位中层管理者,让他们自己拿主意,尽量不要什么事都找他。刚开始,大家都不习惯,因为他们已养成了奉命行事的习惯,而今却要自己对许多事拿主意、做决定,他们有点不知所措,但这种情况没有持续多久,然后公司开始有条不紊地运转起来,下属们的决定及时而又准确无误,公司几乎没有出现什么差错。

祁国庆也开始真正有了"一家之主"的感觉,这时他才体会到自己是公司的经理,而不是个什么事都包揽的"老妈子"。

由这个案例,我们可以看出,高度的集权管理只会使管理者筋疲力尽,使公司运行缓慢。好在故事中的祁国庆终究还是开窍了,他大胆下放自己手中的大部分权力给各主管以及每一个员工,给他们充分发挥自己优势的机会,这样做的结果:非但没有出现他担心的状况,反而每个人都可以各显其能了。

《史记·淮阴侯列传》里有一段话,上问曰:"如我能将几何?"信曰:"陛下不过能将几万。"上曰:"于君如何?"信曰:"臣多多而益善耳。"上笑曰:"多多益善,何为为我擒?"信曰:"陛下不能将兵,而善将将,此乃信之所以为陛下擒也。"韩信所谓的将将,简单一点来说,就是要合理授权。在这方面,西汉名相陈平是很好的典范。

有一天，汉文帝问陈平，全国一年共审了多少案件？财政收支有多少？陈平答道："这些事有专人主管。"汉文帝不解地问道："谁主管？"陈平答道："皇上若要了解司法问题，可以问廷尉；若要了解财政收支，应该问治粟内史。"汉文帝有些不悦地说道："你把所有的事情都交给别人去管，那么，你这个丞相管什么？"陈平笑着答道："丞相者，上佐天子，理阴阳，顺四时，下遂万物之宜；外镇抚四夷诸侯，内亲附百姓，使卿大夫各得任其职也。"汉文帝听后，连声称赞。

由此看来，为将帅者敢于放权能促使下属全都积极地行动起来。他们会充分利用自己手中的权力，让工作完成得更完美、更有效率。所以，作为将帅，可以大胆放权，这不仅不会动摇自己的位置，相反，只会使你的位置变得更加牢固。这难道不是有百利而无一害的事吗？

有专家曾发表过这样一份报告："管理者80%的工作都是可以授权的，诸如日常事务性工作、具体业务工作、专业技术性工作、代表其身份出席的会议、一般客户的接待等等。管理者本人只需做诸如企业发展战略决策、重要工作目标的下达、人事的奖励与惩处和员工的规划与晋升等20%的工作。"

作为将帅，应该以身作则，但不必事必躬亲，否则，自己忙得不可开交不算，下属也得不到应有的锻炼和成长，企业的发展也必将受到很大局限。

甲、乙两家民营贸易公司都想得到跟某大型电器公司合作的机会，而电器公司只能选择两者中的一方与其合作。为公平起见，电器公司将相同的任务分别交与两家公司，让其分别去完成，完成质量较好的一方则能够得到合作的机会。

甲公司的项目管理者接到任务后，立即制定了详细的实施方案，并认为这项任务十分重要，每一个环节都应当亲力亲为，不能有半点疏忽。于是他便加班加点，独自埋头于这项重要的工作。在实施的过程中遇到了一些麻烦，任凭他绞尽脑汁地去想，也没有想出更好的解决方案。几天下来，这位管理者明显憔悴了许多，而这项任务的完成效果却并不理想。

乙公司的管理者接到任务后，也立刻在脑袋里形成了一个实施方案，但他没有马上去执行，而是召集下属开会，与下属一同探讨。他的下属觉得管理者能让他们参与这项重要的任务，是对他们的信任，于是，心里充满感激的下属们决定要尽心尽力地协助管理者完成这项任务，并在会议上提出了很多具有建设性的建议。管理者综合了一些好的建议，并将一些具体工作相应地分配给下属去完成。几天之后，这位管理者与下属一同漂亮地完成了这项任务。

有些管理者喜欢事必躬亲，"一竿子插到底"，当然，这种工作风格在特定情况下还是值得肯定的，但如果长此以往，就会产生极大的危害，不仅会使正常的工作秩序受到影响，还会阻碍下属能力的提高，自然也就不利于工作的高效完成。

有人曾做过一个很形象的比喻："一个部门好比是一台计算机，管理者是这台计算机的中央处理器，员工好比是各种零部件。要想让这台计算机能够准确、高效地运转，只靠管理者这个中央处理器是远远不够的，它需要各个零部件都能按照自己的程序良好地工作，发挥各自应有的作用。"这充分地说明了授权在管理中的重要性。

既然授权、放权如此重要，那么，将帅该如何授权呢？

1. 信任是授权的前提

俗话说，用人不疑，疑人不用。举个例子：当一个老司机坐在一个新手的车里时，往往老司机比新手还要紧张，不是担心对方方向盘掌握得不好，就是担心对方油门踩得不好。而同样的问题也存在于教练和学生中间。然而，不给新手亲自开车的机会，新手又怎么能变成老手呢？因此，当管理者给下属授权时，应当充分信任下属，这样不仅能增强下属的信心，提高成功率，还能让下属有被重视的感觉，避免愤怒、厌烦等不良情绪的产生。

2. 选好对象

有效授权最关键的一步，就是要选择一个正确的授权对象。在授权之前，管理者要对自己的下属进行细致的考察和分析，包括每个人的特点、优点和弱点等，应该将权力授予那些品德好、能力强的人。

3. 明确目标

亚里士多德说过："要想成功，首先要有一个明确、现实的目标，一个奋斗的目标。"授权行为也是如此。在授权的过程中，必须要让下属明确了解自己所期望达到的目标，并告诉下属怎样做或用什么方法去执行才能实现这个目标。授权后不需要去时时监督，更不需要用自己的方式去影响被授权的下属，除非下属主动向你求助。作为管理者，你只需在必要时给予下属一些相应的指导就可以了。

授权不等于授责

授权并不意味着将责任完全推给下属之后就可以撒手不管了。作为管理者，要保留对这项工作的知情权和控制权，同时还要为下属承担一部分责任。

看完上一节内容，此时决定实施授权的将帅们，也许正在琢磨：把权力都扔给下属，那不等于"放羊吃草"了吗？

其实不然。授权并非一蹴而就，不能说一句"这件事交给你"就算完成了授权。授权一事需要管理者与被授权的下属之间进行密切的合作，彼此态度诚恳，相互沟通了解。同时，也保留权力，在接任者出现不可原谅的错误时，随时取消他的接任资格。

从这一点来看，把授权等同于弃权的认识是有失偏颇的。另外，授权也不代表任何权力都可以下放，完全做一个"甩手掌柜"的做法也不合理。那么，对于一个正在发挥重要作用的管理者，哪些大权是他必须抓的呢？

1.财权

这一点主要是针对一些民企老板们所说的。我们知道，古代的人掌权时，通常是左手抓着财权，右手抓着军权，足可见财权之重要。"钱"是企业发展的命脉，如果管理者连这一"命脉"都交由他人把持，岂不是开玩笑吗？当然，我们所提倡的掌握财权并不意味着管理者要把所有财物细节摸得一清二楚，这些事情完全可以委派财务部门的负责人去处理。我们所说的要管理者掌握财权，实际上指的是，管理者只需清楚地掌控资金的流向，并且关键时刻能够自由调动即可。

2. 人事任免权

这项权力的范围主要涉及非常重要的人事调动和安排。

3. 知情权

即使某些时候不参与决策，对所有重大决策也应该有知情权。

4. 最终决策权

即对一般及重要决策进行最后定夺的权力。

一个杰出的将帅型人才，不见得自己的能力有多强，只要懂信任、懂放权，就能团结比自己更强的力量，从而提升自己的领导能力。

授权不等于对工作撒手不管，任由员工自由发挥。授权实际上是集中智慧的体现。

平民出身的刘邦最终战胜贵族出身、受过正规教育的项羽而一统天下，主要就是因为他重用了张良、萧何和韩信。

虽然刘邦没有个人专长，但他能够运用三人之长，将三个人具备的不同能力整合于一身，并且能够合理整合和运用，实在是高明！为此，刘邦自己也自豪地说："此三者皆人杰也，吾能用之，此吾所以取天下也。"他还不忘嘲笑项羽："项羽有一范增，而不能用，此其所以为我擒也。"

那么现代企业里的将帅们，如何才能向刘邦一样，做一个成功的将帅呢？授权之后，又该做些什么呢？

1. 定时追踪

交代给下属某些权力之后，并不等于授权完成了，这只能算是授权的开始。接下来，管理者有必要对员工的工作进度进行定时追踪，给予员工应得的赞赏与具有建设性的建议。至于怎么进行追踪，我们总结了两种方式，以供参考：第一，在发布授权指令后的一定时期，亲临现场，认真观察执行的情况；第二，在发布授权指令的同时与下属商定，要求下属定期汇报工作的执行情况。

需要提醒的是，定时追踪的目的不是让管理者直接参与工作，而是可以从全局把握工作，这样将有利于了解下属是否按原定的计划执行，同时也可以及时发现意外情况，对自己下达命令的技巧和方式有一个比较直观的了解，好在以后的授权工作中起到借鉴作用，进而改进授权的方式和方法。

2.及时进行检查监控

应该说，授权使管理者的控制发生了一定的变化，因为授权，管理者对工作及局面的控制实际上是退后了。这样一来，反而使控制在授权中的地位得以凸显，所以管理者就需要让自己的控制技巧更加高明，才不至于使工作陷处于失控状态。

一代名相诸葛亮分配关羽守荆州，最后关羽大意失荆州，这与诸葛亮对荆州的信息了解不够是分不开的。所以，管理者必须对工作进行监督。监督主要包含三个方面：第一，监督工作进展，但不干涉具体工作；第二，以适当的方式提出意见或建议；第三，确定奖惩制度，对于出色的工作要给予充分的鼓励，对于不足的要及时提出意见。

此外，管理者还必须及时进行调控。如果下属因为主观不努力没有完成工作任务，就必须及时纠正，并承担相应的责任。

3.授权后要给予下属适当的支持

授权的同时，管理者还要让员工知道，在工作中遇到问题可以向谁求助。同时，当管理者把工作分配给对方时，确定也把权力一起转交。例如，告诉客户，自己已经授权给某位员工负责某项工作，请他以后直接和该员工协商。

4.获取有效的反馈信息

为了更好地把握工作进度，管理者有必要要求下属及时反馈信息，了解具体情况。反馈时要把握几点原则：第一，用数据说话。即要求员工不要按照自己所想的发表看法，而要看具体的数据，否则会失去对工作的评判标准。第二，反馈应该具体化。笼统的评价往往会缺乏说服力，比如说员工的工作态度好，不应只是听信几句赞美之词，而应拿到考勤单，如果考勤情况优良才可说明一定的问题。第三，反馈要对事不对人。作为领导，在发现将某件事交给下属去负责，而下属将其做得一团糟时，领导的气愤可想而知。但是对于工作本身而言，责备人于事无补。正确的做法应该是：应冷静地想一下，或许把全部过错归在员工头上并非完全地公平，或许事情还没到不可挽回的地步。将自己对该项工作的不满告知下属，共同探讨补救的措施。

由此可见，授权并非是撒手不管，因为撒手不管，必将导致局面失控，管理者的授权行为的积极意义也就被这种失控给抵消了。权力一旦失控，后果必然是不堪设想的。由此看来，管理者既要做好授权又要避免失控，既要充分调动下属的积极性和创造精神，又要保持管理者对工作的有效控制，这样才能为授权工作设置一架天平，取得授权与掌控之间的平衡。

我们相信，如果按照前面所述的几点进行授权，那么你的权力将会"授"而不"弃"，从而成为一个管理有方的杰出将帅。

任人之道，在于不疑

权力的下放是以信任为基本前提的。一个管理者要敢于授权、善于授权，信任是前提。

有些领导之所以喜欢大权在握，不肯撒手，多是因为对下属没有足够的信任。他们觉得别人不可能做得和他们一样好，或者是惧怕下属滥用权力，其实质就是不信任自己的下属。

如果连信任都做不到，即使放了权力，也难以得到满意的效果。作为一名将帅型人才，懂得如何授权是非常有必要的。而权力的下放是以信任为基本前提的。一个管理者要敢于授权、善于授权，信任是前提。

从某种意义上讲，管理者的信任和下属的业绩是成正比的：领导给下属多少信任，下属就会给领导带来多少业绩。所以说，下属能创造出色的业绩，既与自身的努力和能力有关，同时也是领导高度信任的结果。

在职场中，我们常常会听到这样的抱怨："我和领导相处得很不愉快，因为无论大事小情，他都要一一过问，眼睛就像粘在我身上了一样。""我们部门的经理总是嘴上说'你办事，我放心'，但实际上，他对我是极其不信任的，总是不断地查岗，问我的工作进度。"这些抱怨声反映出一个管理漏洞：领导多疑。

可以说，多疑的管理者是不幸的，过多的疑惑和猜忌不仅会让他们身心憔悴，而且会逐渐打消下属的积极性，导致人才流失。不妨来看看这个案例：

一家农用车配件生产企业的技术主管到下属部门检查工作，车间负责人信心满满对主管说："我保证按时完成任务！"这位技术主管想了想，说道："还是带我到生产车间看看吧，这样我心里有底。"车间负责人有些不满地说道："您不相信我？怀疑我们不能按时完成任务？"技术主管答道："不怀疑是相对的，怀疑是绝对的，你不明白这个道理？"车间负责人听后，心里十分不舒服。送走技术主管后，他就写了一封辞职信。

可见，因为技术主管的多疑，公司失去了一名优秀的员工。

一位知名作家在其著作中这样写道："每一个工作场合都是一个磁场。当我随便走进一幢写字楼，随便走进一间满是员工的办公室，我会马上感觉到里面的磁场——是人心涣散的磁场，或是人心凝聚的磁场。作为老板，对员工首先要做到'用人不疑，疑人不用'。信任他人的磁场，吸引来的是忠心、踏实，甚至是卖力。怀疑他人的磁场，往往吸引来的是反感、排斥、二心，甚至背叛，尤其是当你毫无根据地怀疑某个人的时候。"如果领导用了一个下属，给了他一定的权力，却又对其疑心重重，那么，事情就会越来越糟，甚至给公司造成巨大的损失。

陈洛思原本是一家科技公司的市场部经理，但因为与老板的经营理念不合，就辞职应聘到现在竞争对手的公司工作，职务同样是市场部经理。

一向对工作持积极态度的陈洛思到新公司后，仍然非常努力，谈客户、跑业务，早出晚归，废寝忘食，她希望可以在这里开创一片新天地。可是，就在她满怀希望地描绘未来的美丽蓝图时，一件事情的发生让她满怀热情的心冷却了下来。

原来，新公司的市场部总监程毅是一个生性多疑的人，他觉得公司和陈洛思的老东家竞争非常激烈，而且陈洛思在原公司的职位也很高，如今跳槽到这里，目的肯定不单纯。另外，通过几个月的接触，他觉得陈洛思是个非常精明、圆滑的女人，肯定不会甘于挣那份不高的薪水，一定会报假账、拿回扣，甚至会私吞公款。于是，他决定请会计查陈洛思的账。

负责财务的王主任知道程毅的意图后，便好心劝他说："你既然用人家了，就不要怀疑人家。如果查不出什么问题，不仅伤了陈洛思的心，而且你也会很尴尬的。"但是，程毅决心已定，王主任只好让会计查账。结果证明，陈洛思是清白的，没有占公司一分钱的便宜。

事情发展至此，程毅并没有因此信任陈洛思，他还是对陈洛思持有怀疑态度。敏感的陈洛思也感觉到程毅的疑心，加之上次的查账事件，她感到十分愤怒，开始进行疯狂的报复：报假账，拿回扣，私下抢程毅的客户，甚至将公司的商业机密卖给竞争对手。等到财务发现陈洛思的账不对劲时，公司已经亏损了几十万。

看完这个案例，我们似乎不能说程毅的多疑"成全"了陈洛思，但也不能说伤害了陈洛思。但有一点是可以肯定的，那就是这种强烈的不信任感于己、于人、于企业而言都是有害无利。

在此，我们不去对故事中陈洛思的为人做什么样的评判，单说作为领导的程毅，对下属持如此强烈的怀疑态度，只能给管理工作造成障碍，从而阻碍团队的良性发展。

其实，当团队中出现了精明能干的员工时，为将帅者要做的不是处心积虑地查他、怀疑他，而是要对他表现出足够的信任和赏识，因为人都有这样一种心理："你越是信任我，我就越不会辜负你对我的信任。"

春秋时期著名的政治家管仲说过："不能了解人才，有害霸业；了解了人才但不能任用人才，有害霸业；任用人才但不信任人才，有害霸业；信任人才但又让品行不好的人干涉他的事情，有害霸业。"历史上很多贤明的君王就是"用人不疑，疑人不用"的典范。在此，我们看看唐太宗李世民是怎样对待下属尉迟敬德的。

尉迟敬德是唐朝著名的战将，他骁勇善战，屡屡立功，为大唐的安定和平作出了很大的贡献。同时，他对唐太宗李世民也是忠心耿耿。而他之所以誓死效忠唐太宗，有一个很重要的原因：李世民十分信任他。

尉迟敬德原是刘武周手下的一员大将，武德三年（620年），他与另一员大将寻相一起归降于唐太宗。李世民见他武艺超群，决定重用。屈突通觉得不妥，劝谏道："尉迟敬德是被逼归顺，恐怕将来会叛变，不应委以重任。"李世民没有采纳屈突通的意见，而是重用了尉迟敬德。

没过多久，寻相连同他人，制造了一场叛乱。此时，众人对尉迟敬德起了疑心，他们担心这个与寻相关系密切的归降之人也会造反。于是，殷开山、屈突通等人将他捆绑起来，押到李世民面前，建议李世民将其处死，以绝后患。

李世民摇摇头，说道："尉迟敬德何许人物！如果要叛乱，还会落在寻相的后面吗？"他亲自为尉迟敬德解开绳索，说道："大丈夫以义气相许，千万不要将这点小误会放在心上。我是绝不会随意轻信旁人之言，加害忠良勇士的。"尉迟敬德听后，深受感动，从此对李世民忠心耿耿。

北宋著名文学家欧阳修曾说过："任人之道，要在不疑。宁可艰于择人，不可轻任而不信。"一个善于用人的管理者，绝不会轻易怀疑下属，而要敢于将权力下放，并能够运用巧妙的管理方法，显示自己用人不疑的气度。作为将帅，始终要记得的是：信任是笼络人心、和谐上下关系的不二法门。如果管理者能够选出有才之人，并对其充分信任，敢于授权给他们，那么，团队工作就能够良性展开，呈现一派生机勃勃的大好景象。

遵循五大原则，把握授权真谛

将帅们不仅要树立勇于授权的意识，而且要掌握有效授权的方法。遵循本节中的五大原则，打造出高效团结的团队，让企业基业长青。

如今，随着市场规范和制度规范的逐渐成形，很多管理者都能够把授权看作实现团队健康发展的重要手段。通过授权，管理者增强了领导能力，员工增强了归属感，团队及企业的各个层次将实现有序交接、平稳过渡。这也正是为什么有的企业可以经营成百年老店，而且长盛不衰的原因之一。

显然，这均是由于有效授权而形成了良性发展模式。所以，管理者不仅要树立授权的意识，而且要掌握有效授权的方法。如下的授权原则是值得重视的。

1.责任分解

将责任分开是授权的第一步，也是最基础和最重要的一个环节。一个没有责任的授权算不上真正意义上的授权。分解责任的目的就是让受权的下属明白自己在这次授权中必须要完成的目标、所涉及的范围和程度，以及这些目标完成时授权者应该采用的检验标准。也就是说，通过责任分解，可以让下属明确自己的职责所在，能够更好地完成任务。作为管理者要清楚，任何人只会做你要求的，而不是你期望的。

2.及时有效的沟通

权力下放给下属,并不意味着只让他们承担责任就够了。事实上,管理者必须就职责担当与受权的下属进行有效沟通,必须让其明确自己的职责和领导的期望,这些需要管理者和下属之间达成共识,也只有这样,授权才具有意义。

3.不要授权给"猴子"

在论述本部分内容之前,我们先来看一个寓言故事,将会给我们一些关于选择受权者的启示。

一个国王长时间待在王宫里,感到很无聊,一个很有眼力劲儿的大臣察觉后,就找人牵来一只猴子,让猴子给国王解闷。国王果然很开心。再加上猴子天性聪明,很快就得到国王的喜爱。在王宫里吃好的喝好的,猴子很快长得膘肥体壮。国王也越来越宠爱这只猴子,甚至把自己至爱的宝剑也让猴子拿着。

第二年春天,国王带着正宫娘娘来王宫附近一片景色秀丽的林边游玩,当然猴子也是陪伴在侧的。树林简直美极了,成群结队的蜜蜂嗡嗡地飞来飞去,争芳斗艳的鲜花散发着香气。国王被树林的美景所吸引,带着正宫娘娘来到树林。他把所有的随从都留在林边,只留下猴子和正宫娘娘给自己做伴。

在树林里游玩了一番之后,国王感到有点儿疲倦,就对猴子说:"现在,我有点儿疲倦,想在这座花房里睡一会儿。要是有想要伤害我的人到来,你可要竭尽全力保护我。"说完,国王就睡着了。

国王睡着后,猴子发现一只蜜蜂嗡嗡嗡地飞到国王身边的花丛中,继而又飞到了国王的头上。猴子一看就火了,心想:"这个倒霉的家伙,竟敢在我的眼前蜇国王!"于是,它开始阻挡。可是,前一只蜜蜂被赶走后,又来了一只落到国王身上。猴子见后,不由得大怒,抽出宝剑就照着蜜蜂砍下去,结果把国王的脑袋砍了下来。

睡在国王身边的正宫娘娘听到动静,被惊醒了,看到国王人头落地,吓得花容失色,爬起来大声喊道:"哎呀!你这个傻猴子,你看你干了什么呀!"

猴子把事情的经过原原本本地说了一遍,娘娘又气又恼,随从们也狠狠地骂了猴子。

这则寓言告诉了我们这样的道理:"国王"作为管理者,将保护自己的权力授给了无法承担保护责任的"猴子",另外,在对"猴子"授权后也没有进行有效的监督与约束,不仅将宝剑交给了"猴子",就连一直尽职尽责保护自己的随从也被支开。正是这种不科学的授权,最终导致了悲剧发生。

虽说管理者不能事必躬亲,有必要对属下进行授权。但是,授权也不能乱授,只有找对人,用对了方法,才是科学的、有效的授权。如果你发现有的下属对自己所承担的工作了解较为透彻,并且远远超出你原来的预料,这些人就有可能具备担负重要工作任务的才能和智慧。

4.授权检查与跟踪

这一点,在前面的章节里简单阐述过,在此再详细论述一下。

现代企业的多数管理者,是能够做到责任分解和权力下放的,但很多管理者只做到这一步就结束了。其实,领导授权是一个系统的管理保证体系。给予了权力、分派了责任,管理者千万不要忘记要按照授权项目的计划定期对所授权的下属进行监督。有必要提醒的是,这种监督与检查不是走过场，而是真正意义上的监督，并不是只给下属一个"好"或者"不好"的评语就万事大吉，而是需要了解授权执行的效果及出现问题以后的及时反馈与调整。

要知道，只有授权而不实施反馈控制，不仅导致授权无意义，而且还有可能为工作带来很多麻烦。其中，最有可能出现下属会滥用权力的问题。因此，在分派任务时就应当明确控制机制。首先，管理者和受权者要对任务完成的具体情况达成一致，而后确定进度日期，并明确约定在什么时候用什么方式，下属需要向领导汇报工作的进展情况和遇到的困难。这种控制机制还可以通过定期抽查得以补充，以确保下属没有滥用权力。

但是需要提醒的是，不要控制过度，否则等于剥夺了授予下属的权力，那样就会物极必反了。

5.授权终止与评估

任务完成后，并不算真正意义上的授权结束，最后还需要对本次授权进行评估，这是授权的最后一环，不管最终授权执行的效果怎样，作为授权方的管理者必须给予被授权者合理的评估，而这种评估必须与受权者共同达成。在对授权进行评估的过程中，必须以结果和业绩为导向，将授权的评估作为考核下属个人绩效的重要依据之一，这也是完善的授权体系必不可少的一环。

总之，领导授权给下属，并非仅仅是授予权力，更重要的是分派责任。因为权力只是一个表象和形式，而本质上还是责任，权力是为责任服务的，责任是权力赋予的证据，二者缺一不可。不管管理者采取哪种授权模式，上述几个原则是必须要遵守的，希望管理者们谨记。

委派任务讲求艺术

向下属委派工作是要讲求一些方法的，只要灵活运用这些方法，就能让下属愿意承接工作。这样，既能够提高自己的管理能力，又能改进部门的工作效率。

前面我们已经提到，作为管理者一个非常重要的职责，就是将一些工作分配给自己的下属去做，然而，并不是所有的管理者都有正确委派工作的能力。一些管理者甚至是非常拙劣的委派者，他们会在不了解工作和下属的情况下，将那些工作随意分配给不适当的人去做，或者他们在委派工作的时候，不能将这项工作的具体情况告知下属。等到浪费了很多时间或收到不尽如人意的结果以后，他们便又亲自从头实施。这样一来，不仅会浪费时间和金钱，还会打击下属的积极性。

一位部门经理的办公室里发生了这样一幕：

下属小刘拿着一沓资料来到总监办公室，他颇有些骄傲地说："经理，这是你昨天让我整理出来的订单，我已经按照不同的区域进行了分类。"

经理愠色道："什么，按照客户所在区域？我想要的是按照退单的原因进行分类。"

小刘的笑容瞬间僵在了脸上：可是，您昨天没说……

经理生气地一摆手道:"算了算了,你放在这儿,我自己干吧。"

小刘沮丧地将那些辛辛苦苦整理的资料放在经理的办公桌上,垂头丧气地出去了。

案例中这位经理委派工作的效果很不好,由于他在委派工作的时候没有向下属讲明这项工作的目标,导致下属没能按照他最初委派时所希望达成的目标去完成。结果,经理因工作没有达成,还得自己去做,感到很失望,而下属也因自己的工作没有被肯定,感到很沮丧。这样一来,很可能会削弱下属的工作积极性,影响他以后的工作态度。

事实上,向下属委派工作是要讲求一些方法的,只要灵活运用这些方法,就能让下属愿意承接工作。这样,既能够提高自己的管理能力,又能提高部门的工作效率。正确地委派工作,不仅能节约时间,还能为团队创造出一种愉快的工作气氛。

那么,怎样才能有效地委派工作呢?

1.对工作有较清晰的了解

管理者要认真了解所要委派的各种工作,确保自己了解这些工作都需要做些什么,有些什么特性或特殊问题,要达到什么样的目标。在你没有完全掌握这些情况之前,不要轻易委派工作。

2.要充分地了解你的下属,并对下属进行详细的分析

作为领导,你可以让每个下属诚实、坦率地告诉你,他们喜欢做什么工作,还能做些什么新工作。如果你发现有的下属对自己的工作有着深刻的理解,并且远远超出你的预料,那么,这些人就有可能胜任重要的工作任务。

一旦你掌握了每个下属对工作的了解程度和完成速度等情况以后,就能估测出每个人能够处理什么样的工作，也就可以对你所掌握的资料进行综合分析，以便将工作委派给能达到目标要求的人。需要注意的是，要尽量避免把所有的工作都交给一个人去做。

当你选定了合适的下属以后，还要使你的下属也了解这项工作的情况，向其说明这项工作的性质和目标，并告诉他具体是怎样制定完成工作的期限的，为什么说这个期限是合理的等等。在向下属解释工作的具体情况时，要尽量讲出你所知道的一切。不要故意保留信息，给下属设下工作的陷阱。最好把自己在这项工作上的经验传授给下属，让他知道想要得到某种结果该怎样去处理。

要在正确的时间里委派工作才能得到良好的效果。大多数管理者往往会在上午上班后委派工作。这样做方便了自己，却可能会打乱职员在头一天晚上所做的计划，导致下属对工作提不起兴趣。委派工作的最佳时间是在下午下班前，这样有利于下属为第二天的工作做具体安排。面对面地委派工作是最好的方法，这样既便于回答下属的问题，还能强调工作的重要性。

当下属不愿意接受这项工作时，要根据不同的原因，想出不同的对策，让下属心甘情愿地接受。例如，有些人不愿意接受你委派的工作，是因为他们担心会失败或对自己没有信心，这时，你要帮助他提高自信心，并向他保证会向他提供帮助；如果他认为你应该承担责任而不应该委派时，你要向其解释工作对他们成长的作用，或让他明白，每一个团队成员都要分享一部分工作，只有在他的帮助下团队才能完成任务；当他觉得没有获得与其努力相对应的报酬，才不接受任务时，要建立公平的薪酬奖励制度，或从他的发展角度安排工作。

在委派工作的同时，要把选择他完成这项工作的原因讲清楚。不仅要让他感到自己的重要性和所负的责任，还要让他感觉到你对他的信任。同时，还要让他明白，完成工作任务对他今后在组织中的地位会有直接帮助。

3.充分表示自己对工作的兴趣和对下属的信任

在确定好接受任务的下属后，在委派他时，管理者不妨说："这是一件重要工作，由你来做我才放心"，这样可以对下属起到很大的激励作用。

不过，需要提醒的是，虽说管理者要对承接这项工作的下属有充分的信任，但对委派出去的工作不闻不问，就有可能会前功尽弃。为了保证自己所委派出去的工作能够及时得到实施，管理者可以适时对下属的工作进展情况进行检查。检查不能太频繁，可鼓励下属在有问题时随时来找你，要让下属感觉到你对他的工作很关心，并告诉他，你愿意和他一起讨论工作中遇到的各种问题。

分派工作要知人善任、因人而异

领导在工作中需要通盘考虑和驾驭全局，用人务必从工作需要的角度出发，体现科学性、实用性、前瞻性。只有知人善任，事业才会蒸蒸日上。

世界上没有两片完全相同的树叶，同样世界上也没有两个完全相同的人。由于每个人个性、特长、心理素质、工作经验等不同，能够承担的职责和任务也就有所区别。管理者在分派工作的时候，自然应该将这些因素考虑进去。

法国著名企业家皮尔·卡丹曾经说过:"用人上一加一不等于二,搞不好会等于零。如果在用人中组合失当,常常会失去整体优势;安排得宜,才成最佳配置。"春秋时期的政治家管仲就是一个管理高手。

春秋时期,管仲为了帮助齐桓公成就霸业,向齐桓公推荐了五个人。管仲向齐桓公禀报说:"开垦田地,扩大城域,开辟土地,种植谷物,充分利用地利,当属卫国人宁越,应当让他负责农业生产;迎接宾客,熟悉升降、辞让、进退等各种礼仪,当属隰朋,请让他主管礼宾;早入朝、晚退朝,敢于触怒国君,忠心谏诤,不躲避死亡,不看重富贵,当属东郭牙,请让他当大谏臣;在广阔的原野上作战,战车整齐行进而不错乱,士兵不退却,一击鼓进军,指挥三军,当属王子城父,请让他当大司马;断案恰当,不杀无辜的人,不冤屈无罪的人,当属宾须无,请让他主管法律。您如果想称霸诸侯,那么有五个人就足够了;您要想成就一番伟业,那么有我在这里。"桓公接受了管仲的意见,让五个人才分别担任了相应的官职。在他们的帮助下,齐桓公成为了"春秋五霸"之一。

古往今来的管理实践可以证明,凡是想要有所作为的优秀领导,在对待用才的问题上,不仅能任人唯贤,而且还能将其放在合适的位置上,让其尽情发挥才能,最终名利双收。

作为将帅,必须做到知人善任,能够根据不同的岗位需要使用各类不同的人才,使人尽其才,各尽所能。这样的部门才能形成稳定的人才结构,其所领导的事业才能持续而高效地向前推进。

那么，怎么才能实现人尽其才，各尽所能呢？

1.大胆采用年轻一代

部门新来了一个大学毕业生，你觉得他没工作经验，也只能做些无关痛痒的打杂工作。如果作为将帅的你是这样想的，那么只能说有失偏颇了。要知道，他既然来到你的部门，就说明有一定的水平和能力，只不过这些能力或许是潜在的，有待在工作中慢慢去开发和历练，但决不能将人家一棒子打死，认为他做不了什么重要的事。

真正英明的领导，会大胆地放手让下属去开展工作，并把具有一定难度的工作安排给他们，让他们充分施展自己的才华。不要总顾虑他们会出这样或者那样的问题，谁能保证自己在工作中不犯错误、不出问题呢？偶尔出现一些问题是很自然的，作为部门领导千万不要一味责怪他们，那样只会大大挫伤他们工作的积极性和自信心。相反，领导要尽可能地寻找机会给予鼓励，这样他们就更有信心和激情投入到工作中来，通过实践不断地让自己得到锻炼，慢慢成熟起来。

2.将难度大一点的工作安排给有经验的下属

在职场上摸爬滚打的人，大多都有一定的挑战欲望，因为这是展现自己本领、增强自信心的绝好机会。所以，对那些有一定工作经验的下属来讲，总是轻而易举就能完成或者总是反复做的工作毫无挑战性，他们也就没什么兴趣了。这时候，领导就有必要将一些难度较大的工作安排给他们，最好只分派任务，而不涉及方法和细节。这样一来，他们就会感到身上有压力，就会积极开动脑筋，努力思考钻研，争取把任务完成得漂亮，而一旦获得成功，就会给他们带来更大的喜悦和成就感。

3.珍惜有抱负的下属

有些下属胸怀抱负，对自己、对团队的未来都有更多的展望和期许。为此，他们的目光也就比一般员工长远，不会只顾及眼前的利益。如果为将帅者本身是目光远大的人，而且对自己的团队发展有一个明确的定位，并且需要助手，那么与那些有抱负的人合作自然是最佳选择。对于管理者来说，这样的人是骁勇善战的将军，也是运筹帷幄的谋士，如果能够充分任用这样的下属，那么无异于会为自己的事业锦上添花。

4.将重任交给勤于思考的下属

勤于思考的下属往往有着缜密的思维，考虑问题细致周到，能够想到可能发生的各种情况和结果。通常来讲，这种人责任感较强，也会自我反省，善于总结各种经验教训，他的工作一般是越做越好。正因为这样，他们可能会在工作中表现出优柔寡断的一面，不过这也是一种负责任的表现。所以，把重要的任务交给这样的下属大可放心。

5.对于气量狭小的下属不要委以重任

团队中不排除会有个别气量狭小的下属，他们见不得同事比自己强，忌妒心理过重。虽说忌妒心理是人的一种正常的心理表现，有时候这种忌妒可以直接转化为前进的动力，但如果忌妒心太强，则容易产生怨恨，总觉得他人是自己前进路上的绊脚石，恨不得将其一脚踢开。这样的下属需要谨慎用之，重要的责任更是不要委任。

6.绝不可以重用偏激的下属

有的人思想过于偏激，考虑问题容易冲动，缺乏理智。这种人总是使事情走向某一个极端，等到受阻或失败时，又会走到另一个极端，这样永远也达不到最佳状态。

7.对轻易许诺而不动脑筋的下属不要过于信任

完成某项任务,说到底就是解决某些问题。如果对于事情没有十足的把握,一般来讲,是不可轻易断定或许诺的,因为很多时候,事情的发展充满着诸多变数,往往不以人们的意志为转移,随时都有可能发生各种无法预料的情况。所以,一个负责任的人更不会轻易地做出判断或承诺。如果你手下有个轻易许诺而不善于动脑的下属,那么你需要谨慎用之,他们虽然平常表现得很自信,但到头来完不成任务或者完成得不够好的可能性较大。而且这种人到头来还往往会为自己当初打下的"包票"找各种理由来推诿塞责。这样的下属又怎能重用呢?

总而言之,部门也是一个小团队,领导是团队的领军人物,在工作中需要通盘考虑和驾驭全局,用人务必从工作需要的角度出发,体现科学性、实用性、前瞻性。只有学会知人善任,事业才会蒸蒸日上。

第12讲　欲使冰川消融，必先如沐春风
——管理者擅沟通方能谋发展

沟通是上下级之间的一种交流，包括情感、思想和观念的交流。领导与下属沟通的目的不在于说服对方，而在于寻找双方都能够接受的交流方式。管理者要学会通过与员工的沟通，挖掘员工的潜力，充分调动员工的工作积极性，从而为企业做出更大的贡献。

以真诚的态度和下属沟通

经常和下属面对面地沟通交流，是会花一些时间成本，但是收回的利润会很高。

一听到"沟通"二字，有的领导可能不屑一顾，他们认为对于下属，就是只管分派工作，然后对其完成情况进行验收和评估就行了，还有什么必要进行所谓的"交流"？

这种想法可谓错矣！岂不知，缺少沟通会导致下情得不到上达，上情得不到十分准确地下传，从而使下属不清楚管理者的意图何在，而管理者也无

法知晓下属的真实想法和情绪。这样难免会让员工积怨成恨，影响其工作情绪，对工作进展大为不利。

美国加利福尼亚州某研究机构发现："职场中，来自管理层的信息只有 20%～30%被下属知道并能予以正确理解，而从下到上反馈的信息不超过 10%被知道和被正确理解。"这是大家的理解能力有问题么？答案是否定的，问题就出在沟通上。

所以说，对将帅们来讲，与下属经常进行沟通是很有必要的。因为管理者在做出一项决策之前，必须先从下属那里得到一定的信息，而信息只能通过与下属进行沟通交流才能得到。决策做好后，就要进入实施阶段，这也需要与下属进行沟通，否则，就无法按预期的计划执行。一切有新意的想法、有创造性的方案、有可行性的计划，一旦因沟通受阻，就会成为画在纸上的大饼，只能看，不能吃。所以说，无论是出于工作需要，还是为了融洽上下级的人际关系，领导都应该将沟通提上议程，并加以重视。

康骏在一家网络公司做技术部经理，由于几年来积累的工作经验，加上他吃苦耐劳的劲头，进公司时间不久的他就表现得非常优异，深得部门周总的欣赏。

一次，周总打开邮箱查看邮件时无意中发现，康骏给自己发的邮件几乎都是半夜，甚至还有凌晨两三点钟发的。

周总有点纳闷，于是仔细观察了他几天。他发现，康骏总是部门中下班最晚的，上班最早的。每次大家都离开的时候，他还在办公室专心致志地坐着工作。让周总困惑的是，技术部的其他员工却极少加班，即使在项目最紧的时候，他们也会准时下班，很少跟着康骏加班。另外，他平时也很少见到康骏与下属说话。

　　周总心里暗自嘀咕：康骏究竟如何与下属沟通工作？带着这份好奇，他想一探究竟，于是开始观察康骏与下属的相处方式。原来，康骏向下属交代工作时，一律是用电子邮件，下属也是以电子邮件的方式，向其汇报工作进度及提出问题，很少找他当面报告或讨论。电子邮件似乎已经成为康骏和下属交流的最佳工具。

　　一次，周总刚好经过康骏的办公室，听到他在打电话，讨论内容是关于技术部将要开发的一个新软件。他到了员工办公室，刚好技术专员小张也在接电话。周总听了听谈话内容，确定是小张是在和康骏讲电话。

　　小张放下电话后，周总马上问他："你和康主管的办公室只有一墙之隔，直接走过去谈工作就好了，怎么还用电话谈？"小张苦笑了一下，说道："这已经很不错了，平时康经理都是用邮件跟我们讲工作，刚刚公司的网络出了问题，他才打来电话。"周总疑惑地问道："你们没有试过主动跟他当面谈工作吗？"小张说："当然试过。我旁边的孙姐曾经试着要在康经理的办公室谈，但是他不是以最短的时间结束谈话，就是讨论时眼睛一直盯着电脑屏幕，孙姐不得不赶紧结束谈话。从那以后，我们觉得还是用邮件谈论工作内容比较好，免得尴尬。"

　　周总又与其他员工交流了一下，发现他们很反感康骏的交流方式，而且工作热情也不高。除了不配合康骏加班外，他们还只完成康骏交代的工作，其他一概不管，也不会主动提出新计划或问题。

　　弄清楚了真相后，周总主动找到康骏，问他为何不愿意面对面与下属谈工作。康骏说："我们的工作很忙，而用邮件谈工作可以节省很多时间，效率也比较高。"周总叹了一口气，说道："工作效率固然重要，但良好的沟通会让工作顺畅很多。经常和下属面对面地沟通交流，是会花一些时间成本，但是收回的利润也会很高。你看看现在下属的表现，个个精神涣散，毫无工作热情，如果你继续用邮件与他们沟通，你恐怕就要当光杆司令了。"康骏若有所思地点点头。

从那以后，康骏一改以往的管理方式，开始与下属面对面地沟通交流。时间一长，大家都觉得心情比以前舒畅很多，工作也有干劲儿了，周总看在眼里，喜在心上。

科技在为我们带来方便的同时，其实也造成了沟通方式的改变。因此，很多人感慨，手写书信变得越发珍贵了，面对面的交流慢慢少了，取而代之的网络连接着两台冷冰冰的机器。上述案例中，康骏既是高科技的受益者，同时也是受害者。不过，好在他的上司周总及时发现了这一问题并予以更正，使他改变了和下属沟通的方式，促进了工作的开展。

沟通对每一个人来讲都很重要，对一个带领士兵打江山的将帅来讲同样如此。可以肯定地说，能否建立一个关系融洽、激情和干劲儿十足的团队，很大程度上取决于管理者是否善于与下属沟通交流。所以，为将帅者一定要学好沟通这门课程。

当然，作为一项管理技能，沟通并不是与下属说几句话那么简单，而是需要一定技巧，才能实现有效沟通的。一般来说，管理者可以从以下几方面去做：

1. 带着亲和的语气和下属交流

沟通是上下级之间的一种交流，包括情感、思想和观念的交流。领导与下属沟通的目的不在于说服对方，而在于寻找双方都能够接受的交流方式。

因此，沟通语气很重要。

在沟通过程中，领导一定要避免用命令式的语气，也要尽量避免"我"这个代名词。为将帅者可以经常用"我们"开头，让下属觉得亲切。

2.适当把自己放低，别让下属"仰着脸"看你

有的管理者喜欢摆架子，在与下属沟通时，喜欢将自己的位置摆得高高的，给下属一种高高在上的感觉。其实，这对于良好沟通的进展十分不利。不难想象，领导和下属之间本身就存在职位上的不平等，如果领导还有意无意地放大这种不平等，导致下属在自己面前唯唯诺诺，有话也不敢说，势必影响沟通的效果。

3.与下属沟通时态度一定要真诚

和下属沟通时，聪明的将帅不会抱着"我是将领你是兵"的心态交流。因为那样会无形中给下属一定的压力，而且也容易引起下属的不满，甚至反感。正确的做法是：带着满腔的诚意，真诚地和下属交流，只有这样才能实现有效沟通。

叶青是个80后女孩，她聪明灵巧，工作能力很强，在公司总部做了一年的主管助理后，就被公司调到分公司做部门主管。从读书到工作，叶青的人缘一直都很好，她对自己的人际关系也很有自信。但是，自从调到分公司，叶青一下子成了被孤立的对象。

初到分公司的时候，叶青的部门一共有五个员工。虽然下属人数没有总公司那么多，但是这五个下属个个都是"刺头"，很难管理。

叶青部门的员工年龄从25岁至42岁不等，年龄最大的是王姐，属于基本不做事的一类。另外三个员工，工作能力很不错，但都抱着"上班是常态，加班是变态"的观念，即便工作紧急，他们也不会加班；另外一位是总经理的亲戚，叶青也不敢得罪他。

眼看着完不成任务量，叶青急得团团转，可大家依然不紧不慢。叶青不得不给部门多加一些硬性指标。这样一来，大家不高兴了，谁也不肯干。

在自己又一次挨过总经理的批评后，看着迟到了20分钟的王姐，叶青忍不住批评道："王姐，你年纪最大，也是公司的老员工，你要给别的员工做好榜样……"没等叶青说完，王姐就打断了她的话："以前的方主管从来没说过这样的话，你会不会当主管啊？没有金刚钻，就别揽瓷器活。"说完，就去楼下吃早餐了。

无奈之下，叶青只好向一位当高管的朋友求助。朋友告诉她："你要都和他们谈心、交流，态度真诚一点，人心都是肉长的，他们早晚会被你的真诚打动。"叶青虽然有些怀疑，但还是照做了。一个月后，大家对她的态度果然好了很多。

总而言之，沟通不是职位的交流，而是心与心之间的交流，在这个意义上，领导和下属是平等的。要想赢得下属的支持和配合，作为领导就要掌握沟通的技巧，放低自己的姿态，带着真诚的态度，用一种朋友间沟通的平等心态去和下属交流。

倾听是实现良好沟通的开端

倾听是沟通的一个重要组成部分，它能让管理者与下属保持感情畅通。学会倾听是实现良好沟通的开端。

在任何形式的交往中，倾听都是沟通中至为重要的一环。同样，倾听也是一名将帅型人才应该具备的重要素质。

美国一家名企的管理教育中，有一种很特别的关于领导能力的教育方式。该企业用构成领导的英文单词中的每个字母来体现管理者必须完成的基本任务。这几项内容是：倾听、教育、说明、帮助、讨论、评价以及回答或负责。

不难看出，倾听被列在了第一条。这在某种程度上，说明了管理者的领导艺术应该由倾听开始。

然而实际上，职场中有不少管理者可以凭借自己良好的口才对着下属滔滔不绝地讲几个小时。但是，他们却不愿意花一分钟时间去听下属说话。这就是典型的"闭塞耳朵"型领导，岂不知这种堵上耳朵的管理方式，会打消下属的工作积极性，甚至为自己的管理工作设置障碍。

魏天豪是一家公司客服部的员工。一天，与朋友吃饭时，他气呼呼地说道:"我再也不会给经理提任何建议了,因为他根本不爱听我说话。每次我提出一个有关改善客服部服务的方案时,没等我说几句,他就会不耐烦地打断我,说:'你只要完成我给你安排的任务就行,关于整改方案,交给我们管理层就行,我们在这方面很有经验,会制定非常好的方案,所以,你不用浪费时间去做这件事情。'"朋友不解地问道:"是不是你得罪过领导,所以他不爱听你说话?"魏天豪摇摇头,说道:"别人跟他说话时,他也是这样的。他要是跟我们说话,就算说上一天,我们也得听着,但要是我们跟他说话,他能认真听上5分钟就不错了,他总觉得自己说的是真理,我们就应该听,而我们说的就是废话,让他听就是浪费时间。摊上这样的领导,我们真是没心思工作,我们部门有好几个同事要辞职,他们都受不了这个'聋子'经理。"

或许你会对例子中魏天豪的遭遇表示同情,或许你会觉得他是鸡蛋里挑骨头,不去适应领导反而想让领导配合自己。不管是站在哪个角度,我们都不得不说,魏天豪的经理在沟通方面确实存在一定的问题。他不善于倾听下属的所思所想,这样的领导不招致下属反感才怪。

曾任波音公司总裁的菲利普·康迪说;"员工所表达出来的以及我所听到的,远远比我要说的更重要。"从某一方面来讲,管理者听的能力往往比说的能力要重要。

倾听是沟通的一个重要组成部分,它能让管理者与下属保持感情畅通。一位擅长倾听的将帅可以通过倾听,从下属那里及时得到最新的信息、有效的建议、创新的观念,然后将这些进行资源整合,做出正确的决策。

吴建在一家培训机构做了三年的主管后，决定为自己的职场生涯再寻求一丝突破，于是他从当时难以再有提升空间的公司辞职，然后应聘到一家知名传媒公司做创意经理。

俗话说，隔行如隔山，这个行业对吴建来说，是个全新的领域。刚刚进入一个竞争激烈而又完全陌生的行业中，吴建如何展开新工作呢？好几个朋友都为吴建捏了一把汗。

但吴建很淡定，他说："虽然传媒是我从未接触过的领域，但主管岗位的职责大抵相同，我需要做的就是做好人的工作。一个公司就是一个团队，而我这个主管要做的就是集合整个团队的优势，全面调动员工的工作激情。"

通过之前三年积累的工作经验，吴建认为，要做好人的工作，首先就从倾听下属的心声开始。这家传媒公司有400多名员工，积累了有在中国做10年传媒积累的经验。因此，吴建进入公司两天后，就开始找员工谈话，倾听员工们的想法。通过集思广益，吴建对公司有了一个大体的了解，并制定了一份详细的工作计划书。

老板看了之后，连声称赞："小吴，你这份计划书做得很好。当初，人事总监将你招进来的时候，我还有些怀疑，担心你做不好创意经理的工作，没想到，你在这么短的时间内就可以做出这么棒的计划书，真是个人才。"吴建笑笑，说道："我没有什么过人的才能，只是长了一双会倾听的耳朵罢了。"

看得出，吴建是个聪明的领导，他善于倾听下属的心声，为此赢得了下属的支持，使工作进展突飞猛进。可以说，作为管理者，能否有效而准确地倾听下属的心声,将直接影响到与下属的关系,以及决策水平和管理效果,甚至对公司的业绩和发展也会有很大影响。

试问,哪个老板、哪家企业不希望有这样的管理者为自己带领团队呢?

当然,虽说倾听看上去是一种最省力、最不费口舌的管理方式,但是,要想将它运用得当也不是一件容易的事情。换句话说,倾听也是大有门道的,如果管理者不懂倾听的技巧,就很可能弄巧成拙,反而会阻塞上下级之间的交流通道。

那么,有没有好办法可以让管理者成为一个"会听"的领导呢?我们总结了以下几点,希望管理者们以及将来某一天会成为管理者的人们参考:

1.倾听要用"心眼"

从繁体的"聽"字可以看出,倾听不仅要用耳朵,还要用眼睛和心。这也就是说,管理者在倾听下属说话时,不仅要注意听说话内容,而且要用心观看下属的动作和表情。在听下属讲话的这段时间里,管理者必须将自己的注意力100%地集中到下属身上,不要心不在焉,眼神游离。

2.耐心倾听

当下属说话时,无论他的表达能力如何,管理者都应该耐心地听他说完。尤其是下属在讲想法或意见时,管理者更要耐着性子倾听,给下属提供表达内心情感的机会。

林静是一位资深经理人,在谈到自己如何管理好下属时,她讲了这样一件事:"一次,公司有个业绩不太好的业务员找我谈心。我当时正好犯了急性喉炎,嗓子说不出话来。于是,我就非常用心地倾听这个业务员说话。一个多小时过去了，这个下属从青春期时因父母总是吵架而影响了自己的性格，说到上班后很想做出一点成绩，再到最近的业绩不佳，信心大减，总怕别人瞧不起自己。最后，这个下属激动地说：'林总，您能听我唠叨这么多，我真的非常感动，谢谢您，我以后一定好好工作。'"

后来，这个下属果然像换了一个人似的，做事积极，性情也变得很开朗，业绩也开始逐步上升。这件事使林静深深领悟到倾听对管理工作的影响力。此后，她在进行员工管理的时候，都会尽量多地倾听下属的心声，收到了很好的管理效果。

作为管理者，千万不要因为下属说话时间过长，就表现出厌烦的神情。每个下属都希望自己讲的话能受到领导的重视，而领导耐心地听，就是在向他表达这样一个意思："你说的话很重要，我非常愿意倾听。"这样能够维护下属的自尊心，同时，下属也更愿意将自己的真实想法说出来与自己的上司分享。

3.表现出浓厚的倾听兴趣

有的领导在倾听下属讲话时，常常是下属刚说两句话，他就表现出不耐烦的样子，下属察觉到领导对他的谈话没有兴趣，就会匆匆结束谈话，将自己的真实想法咽回肚里。所以，在倾听下属说话时，管理者应该表现出浓厚的倾听兴趣，尽量注视下属的眼睛，不要做看手表、打哈欠等影响下属情绪的动作。

4.理解下属的倾诉主题

有的管理者会很认真地倾听下属讲话，但往往听到最后，不知道下属想要表达的中心意思是什么。所以，在倾听时，管理者一定要弄清楚下属的倾诉主题，是对某个方案的建议，对待遇的不满，还是有工作难题。由于每个人的性格不同，不同的下属在倾诉时所采取的方式也不尽相同。比如，性格内向的下属，在表述一些敏感问题时会比较委婉，他们不会直接说出自己的真实想法和意见，往往会运用一些暗示性的词语来表达。所以，一旦遇到暗示性强烈的话，管理者们就要鼓励下属把话说得清楚一些。

5. 不要急着发表意见

在一次倾听结束之前，管理者不要急着发表意见。因为你可能还没有完全明白下属要表达的意思，在这种情况下急着下结论，一方面容易做出片面的决策，另一方面容易使下属缺乏被尊重的感觉。时间久了，手下就再也没有兴趣向上级反馈真实的信息。

美国知名主持人林克莱特曾采访过一个小朋友，他向小朋友问道："你长大后想要当什么呀？"小朋友睁着一双天真无邪的大眼睛认真地回答："我要当飞机驾驶员！"

林克莱特接着问他："如果很不幸，有一天，正当你驾驶着飞机飞到太平洋上空的时候，飞机出现了故障，所有引擎都熄火了，你会怎么办？"

小朋友低头沉思了一会，说："首先，我会告诉坐在飞机上的乘客都系好安全带，然后我跳伞。"当这一回答让在现场的观众笑得东倒西歪时，林克莱特继续注视着孩子，想看看他是不是个自作聪明的家伙。没想到，孩子的眼睛湿润起来，接着两行热泪夺眶而出，林克莱特这才发觉，这个小家伙有着难以形容的悲伤之情。于是他继续问小朋友说："为什么要这么做？"孩子接下来的答案，透露出他真挚的想法，只听他说："我要去拿燃料,我还要回来!

看完这个故事,让我们问问自己:我真的听懂下属的话了吗?我是不是也习惯性地用自己的权威打断下属的话?如果自己经常犯这样的错误,那么就请尽量改正。即使下属的讲话结束后,管理者发表意见时也要谨慎一些。因为对下属而言,领导的观点和意见就代表着公司高层的想法,所以,将帅们必须对自己所说出的每一句话负责,以免祸从口出。

通过沟通了解员工的需求

要了解下属的需求,就要多与下属沟通交流。只有经常与下属互动,真诚地交流,才能与下属建立起一条互相信任的沟通渠道。通过这条渠道,管理者就可以准确地掌握下属的需求。

素有"成人教育之父"之称的卡耐基曾经说过这样一段话:"我经常去钓鱼,虽然我喜欢吃香蕉,喜欢吃草莓,但我钓鱼的时候不会把香蕉和草莓放在鱼钩上,因为鱼喜欢吃蚯蚓。"从这段话中不难看出,在人际交往中,研究他人的喜好、需求是我们取得良好人际关系的法宝。

西方谚语里还有这样一句话:"一个人的美食可能是另一个人的毒药。"

所以说，每个人的需求都不一样，同一块蛋糕，对喜欢西点的甲来说是美食，他会非常喜欢；而对正在减肥的乙来说，就是"毒药"，他会避之不及。

简单来说，要想赢得下属的心，管理者要学会"投其所好"。这绝不是让管理者对下属低三下四，而是告诉大家一种管理的方法。不信，你就试试？

有这样一则有关管理的寓言。

一个书生走在路上，看到树上有一只乌鸦。乌鸦跟着他飞了一段时间，然后停在他肩上，开口说道："书生，我被施了魔法，请吻我一下，我会变成一个漂亮女子，然后给你一个吻。"书生停下来，将乌鸦放入口袋，然后继续向前走。

乌鸦又说："请吻我一下，我愿意陪你两天，给你做美味的饭菜，缝制衣服，打扫房间，陪你聊天。"书生将乌鸦拿在手中，看了一下，又放回口袋继续走。

过一会儿，乌鸦又说道："这样吧，我愿意陪你一个月，请你吻我一下。"书生又看了看乌鸦，哈哈笑了一声，又放回口袋继续前行。

乌鸦又急又恼地说："你这书生怎么这么贪得无厌？我都让步了，陪你一个月不够吗？你要多久？"书生将乌鸦拿出来，笑着说道："我是一个书生，正在全心准备考试，每天都忙着读书，根本不需要女人陪我。我之所以将你带在身边，是因为你是一只会说话的鸟，我可以把你卖一个好价钱，我就有进京赶考的盘缠了。"

乌鸦认为，只要有美女陪伴，男人就会答应一切要求。但凡事都有例外，这个书生的需求不是有美女相陪，而是需要赶考的盘缠。乌鸦费尽口舌，也没能达到自己的目的。

　　同样的，身为管理者，如果不能了解下属的需求，就自作聪明地用自己的认知给予下属刺激，非但不能产生预期的效果，反而可能有副作用。

　　要想更好地调动下属的工作积极性，让自己的管理更有成效，管理者就必须了解下属的行为动机和真正需求。当知道了员工的真实需求，就可以理解他们的行为，然后有的放矢地激发他们的工作热情。"雪中送炭"之所以能让人心存感激，理由很简单，因为送出去的"炭"恰是雪中人急切需要的。假如送去的是"冰块"，非但不会赢得感激，可能会招来唾骂。

　　那么，管理者该如何做才能准确了解和把握下属的真正需求呢？

　　我们知道，一个人希望得到什么，内心有什么需求，他大多会通过言谈举止表现出来，管理者只要仔细留意下属的精神状态和情绪变化，就可以大致了解下属的需求。其次，要进一步了解下属的需求，就要多与下属沟通交流。只有经常与下属互动，真诚地交流，才能与下属建立一条互相信任的沟通渠道。通过这条渠道，管理者就可以准确地掌握下属的需求。

　　沃尔玛公司的管理者十分关心自己的员工，公司里所有的管理者都用上了印有"我们关心我们的员工"字样的纽扣。他们称员工为"合伙人"，并时常倾听员工的意见。董事长萨姆·沃尔顿曾对管理者说："关键在于深入商店，听一听各个合伙人要讲的是什么。那些最妙的主意都是店员和伙计们想出来的。"

　　萨姆·沃尔顿对管理者提出这样的要求：管理者必须做到，用诚恳的态度尊敬和亲切对待自己的下属，了解下属的为人、家庭、困难和希望，并且要表现出对他们的关心。只有这样，才能帮助他们成长和发展。萨姆·沃尔顿经常会突然到公司下属的商店，询问基层的员工"你在想些什么"或"你最关心什么"等问题，通过与员工们聊天，了解他们的困难和需要。

美国一家权威报纸曾报道过这样一件事情："几星期前的一个晚上，沃尔顿先生在凌晨两点半结束工作后，到一家通宵服务的面包铺买了些点心，回来路过公司的一个发货中心，同一些刚从装卸码头上回来的工人聊了一阵。结果，他发现这儿至少还需要两个沐浴间。没过多久，我们这里就建好了两个沐浴间。"

沃尔顿通过认真观察，经常与员工互动的方式，及时发现了员工的需求，让员工感到心里非常温暖，工作也更加努力，这也是沃尔玛公司可以发展成为世界百强企业的一种重要原因。

此外，我们还会发现职场中存在这样一种现象，有的管理者可以很准确地了解下属的需求，知道下属最希望得到什么，但面对下属渴望的眼神，他们就是不肯伸出援助之手，满足下属的需求。他们总是抱有这样的想法："我是领导，如果下属有什么需求，我就满足他们，就会失去官威，他们会觉得我好欺负，不把我当回事。""我既不是活雷锋，也不是机器猫，凭什么总是帮助他们，满足他们的需求？"这种想法是很狭隘的，为将帅者要明白一个道理：助人就是助己。

我们一起来看一个十分经典的故事：

一个人死后，见到了死神。死神问他："你想去天堂还是地狱？"他想了想,说道:"我想分别参观一下,再做决定。"死神答应了他。他们首先去了魔鬼掌管的地狱。

他到达地狱之后,非常吃惊,因为这里没有传说中的火坑、酷刑,所有的人都坐在饭桌旁,桌上摆满了各种美食:肉、水果、蔬菜。但是,他发现那些人都愁眉苦脸、无精打采,而且瘦得皮包骨头,完全没有享受美食的欢乐。他仔细看了一下,发现每个人的左臂都捆着一把叉,右臂捆着一把刀,刀和叉都有很长的把手。所以,即使美食就在他们手边,他们也无法吃到口中,只能挨饿。

随后,死神带他去了天堂,景象完全相同:同样的食物,他们的手臂也绑着把手很长的刀叉。但是,天堂的人们非常开心,他们欢歌笑语,尽情享受美食,个个面色红润。他非常不解:"为什么相同的环境,人们的心情却如此不同,地狱中的人面黄肌瘦,神情沮丧,而天堂的人却心情愉悦,身体健康?"死神指了指那些人的手臂,他仔细一看,终于找到了答案:地狱中的每个人都试图自己吃到东西,而在天堂的每一个人都用长长的刀叉喂对面的人,因为互相帮忙,他们都享受了美食。

帮助是相互的,我们帮助了别人,实际上就是帮助了自己。滴水之恩可能换来涌泉相报,举手之劳也许换得感恩戴德,帮助的人越多,得到的就越多。作为领导者,要适时地为下属提供帮助,既可以改善上下级关系,也有助于管理工作。

需要提醒的是,在了解下属的需求、帮助他们解决问题时,领导者还要注意这样一个问题:不要忽视下属的心理需求。按照马斯洛的塔式需求结构理论:"人除了生理需求外,更重要的是心理需求。因为生理需求比较容易发现和满足,而心理需求却容易被人们所忽视。"

在众多的需求中,下属是很注重心理需求的满足的,他们渴望得到领导的尊重、信任、肯定。因此,在满足了下属最基本的物质需求后,为将帅者应该用心了解员工的心理需求,并采取相应的方法,满足下属的这种心理需求。一旦管理者这样做了,就可以让下属知道自己很有价值,于是他们就会以更加饱满的热情投入到工作中,为团队建设作出更多更大的贡献。

设法化解员工的抱怨

倾听下属的抱怨是领导者不可推卸的重要责任。而且,如何处理下属的抱怨,一方面可以检验管理者的处事应变能力,另一方面可以帮助管理者进一步改进工作方法。

俗话说:"一人难称千人心。"职场中,一个领导即使能将工作做得很好,也不能让所有下属都满意,总会有一些下属会心生不悦,他们会抱怨这埋怨那。当下属的抱怨情绪越来越强烈,开始在背后密谋辞职跳槽,整个团队充满一股火药味儿,工作氛围越来越淡时,作为公司的管理者应该如何应对呢?

有的管理者认为:"我根本没有必要、也没有时间去听下属的抱怨。我每天的工作任务堆得像山一样高:制定促销方案;考虑如何以最低的成本做出最好的项目；要在公司规定的时间里完成高销售额；应酬老客户，开发新客户……除此之外，我还要参加没完没了的会议，我哪有闲工夫去听下属的怨言？"不仅如此，他们还认为："公司有专门处理个人问题的人事部、行政部，下属完全可以找他们解决有关工作环境、薪金待遇等各方面的问题。如果心里有消极情绪，还可以找专业的心理医生解决，丝毫没有到我面前怨天尤人的必要。"

殊不知，这些想法是偏激的，也是错误的。倾听下属的抱怨是居于管理位置的每位领导者不可推卸的重要责任。而且，如何处理下属的抱怨，一方面可以检验管理者的处事应变能力，另一方面可以帮助管理者进一步改进工作方法。

既然如此，我们有必要了解一下员工有哪些抱怨情绪，对各自不同的抱怨，将帅们应该采取相应的沟通方式予以解决。

1. 求助式抱怨

一个下属除了向领导发出抱怨外，没向其他任何人散播，也没有给团队或者公司造成负面影响，这就说明，他看到了公司在某一方面存在的问题，却又想不出解决方法，所以，他就通过抱怨的方式向领导求助。

面对这样的抱怨，有的领导会认为下属对公司不满，要么将之狠狠地批评一顿，要么置之不理，结果，大量下属辞职，我们只能说这样的管理者很失败。

正确的做法应该是，管理者不要抱有"下属心胸不够宽阔"，或"他对我有成见"的想法，其实，只要将帅们仔细观察，就发现一个有趣的现象：经常发出求助式抱怨的下属不会轻易辞职。他们只是需要领导的帮助，一旦领导向他们伸出援助之手，他们的抱怨情绪就会得到化解。

2. 自卑式抱怨

著名心理专家毕淑敏说过：天下无人不自卑。作为下属，他们也是普通人，所以无一例外也会有产生自卑情绪的时候，这种情绪还会通过抱怨的形式表达给上司听。作为领导要清楚这一点，下属是员工，更是伙伴，他们有时并不自信，他们的抱怨或许只是为了引起上司的关注。应该说，这是一种很微妙的抱怨心理。作为将帅，应当耐心地倾听这种自卑式的抱怨，并给予其适当的鼓励，帮助其建立信心。

3. 交际式抱怨

有时候，下属们在一起发出抱怨的理由，大多和抱怨交通堵塞一样，他们并不是想改变什么，只是这种宣泄方式可以让他们在工作中找到一个重合点，他们确认彼此有相同的心理体验，就能更融洽地相处。

王勇强刚刚当上客户主管的时候，每当布置了有难度的工作，或者下属的业绩落后时，他总会听到下属们形形色色的抱怨："工作越来越难做了，我真不愿意到公司上班。""王主管总拿小黄做榜样，小黄做这行已经很多年了，有很多优质客户，我们哪能跟他比？"最初，王勇强对这样的抱怨非常反感，他认为，这是员工故意找借口、推卸责任的一种方式。

他或明或暗地告诉下属，要有工作激情，提高积极性，改善工作方法，不要总是怨天尤人。但是抱怨之风不但没有止住，反而愈演愈烈。与此同时，他也发现一个现象，抱怨归抱怨，但下属们丝毫没有耽误工作，还是像以前一样认真努力，并没有撂挑子。

认真分析之后，王勇强认识到，下属们是将抱怨当成一个共同的话题，并无恶意。于是，他决定鼓励下属宣泄这种无伤大雅的交际式抱怨。这样的做法，不仅让下属的消极情绪得到疏导，而且，王勇强还能及时发现并治愈某些抱怨背后的"隐疾"。从那以后，客户部的业绩一路飙升。

4.不满式抱怨

当下属对某些事情不满时，很容易发出抱怨之声。面对这种不满式的抱怨，管理者首先要弄清下属不满的原因，如果是他觉得自己是"英雄无用武之地"，工作能力出色，却一直得不到提拔，那么，你可以适时提拔他，给他一个合适的职务，让他充分发挥自己的才能，从而平息他的不满。

温霞是一家公司的项目小组长，手下管着四个人。她很有工作能力，每次都能准时完成上司交付的工作。但是，项目主管却不太喜欢她，一看到她就头疼，却拿她没办法，因为温霞的工作表现的确很棒。

为何项目主管不喜欢这么优秀的人才呢？原来，每次项目主管向她布置工作时，温霞总会抱怨："我只是个小组长，每个月的薪水就那么一点，主管为什么老是要给我分配这么多任务？"

项目主管觉得温霞像祥林嫂一样，总是不厌其烦地说这几句话。后来，项目经理听说了这件事情，就派人对温霞的工作进行了详细的考察。得知她是个人才后，经理马上将她提拔为项目经理助理。温霞上任不久，就将业绩不佳、管理混乱的项目部门整顿得井井有条，业绩也逐步上升。而且，对于项目经理交付的任务，她从没有一句怨言。

温霞的抱怨是因为自己不受重用，发牢骚是她向主管发出不满信号，而并非有其不良目的。试想，如果项目经理没有及时发现这个问题，没有提拔温霞，也像项目主管一样，反感她的抱怨，甚至以开除或降级威胁她，那么，公司就会失去一个优秀的人才。

面对下属的不满式抱怨，领导除了提拔他们以外，还可以使用沟通的方法，化解他们心中的不满情绪。

有关专家指出："80%的抱怨是针对小事的抱怨，或者是不合理的抱怨，它来自员工的习惯或敏感。对于这种抱怨，管理者可以通过与抱怨者进行平等沟通来解决。"管理者要认真听取下属的抱怨和意见，并认真回答下属提出的问题。如果下属有不合理的抱怨，管理者也要态度温和地进行批评。这样，就可以解决80%的不满抱怨。

另外20%的不满抱怨也可以通过沟通化解，下属往往是不满于公司的管理，或自身的工作出现了问题。管理者要先平复下属的激动心情，阻止抱怨情绪进一步扩大，然后再与下属进行更进一步的交流，方可解决问题。

在化解不满式抱怨的时候，将帅们要注意一个问题：稳住自己的情绪。有的领导脾气急，一听到下属源源不断的不满，就会怒火中烧，甚至吹胡子瞪眼，结果，不仅抱怨没有化解，反而激化了矛盾，让下属心生怨恨。所以，将帅们要控制自己的情绪，冷静倾听下属的抱怨，让问题得以圆满解决。

通过面对面的交流解决难题

领导者只有深入到员工中去，多和员工进行一些面对面的交谈，才能了解员工的工作状态，才能及时发现工作中存在的问题并加以解决。

有些人一旦坐上了领导的高脚椅，屁股还没坐热，就恨不得忘记自己的出身。于是就不再愿意回到下属们的队伍里，和他们面对面地谈谈工作、聊聊天。这样的领导，自我感觉"范儿"很足，可实际上却会让下属产生领导不够亲民的认识。长此以往，下属有什么想法也不会及时提出来，或者干脆就不想提。

这样下去，领导就难以得到第一线的信息，无论是在制定制度，还是安排工作，或者管理员工时，都可能会更多地根据自己的主观判断来行事，这样显然对工作进展和协调上下级关系极为不利。

所以，要想避免这一点，管理者们最好还是深入到群众中去，多和下属进行一些面对面的交谈。作为将帅要始终记得，面对面交流，就能随时随地发现问题，这样解决起问题来就更为有效。具体来讲，将帅们可以借鉴下面这四种方法：

1.多一些询问，多一些了解

素有"世界第一CEO"之称的韦尔奇能说出1000名高级管理人员的名字和职务，熟悉公司3000名经理的表现，他说："我每天都在努力深入每个员工的内心，让他们感觉到我的存在。即使我出差在很远的地方，我也会花上16个小时与我的员工沟通。我80%的工作时间是与不同的人谈话。"应该说，时刻关注员工的内心，及时询问他们的工作状态，是韦尔奇的沟通方法之一。

作为将帅，要知道，即使再出色、再得力的下属也难免会有情绪低潮、提不起劲儿、无法完成领导交代的任务的时候。遇到这种情况怎么办？是按照所谓的制度将其狠狠地批评，扣工资，还是坐下来和他好好谈一谈，看看到底是哪里出了问题。如果是前者，领导直接去问下属"你怎么会做这种事？到底是怎么回事？"这会让下属感到委屈，进而滋生抱怨和不满；相反，如果是后者，领导听下属说出实情，道出心中的不满或者意见，管理者就可以有的放矢，找出解决之道。

楚志刚负责的部门新来一名大学生，名叫严邵雨。让大家感到不解的是，严邵雨脸上一天到晚都不见一丝笑容，也从不和同事们打招呼。为此，同事们暗地里给他起了个外号——"言少语"。大家也都有意疏远他，尽量避免和他有什么交集。

可是严邵雨对此却是满不在乎的样子，依然如故，我行我素。这一切都被科长楚志刚看在眼里。作为一名富有经验的管理者，楚志刚凭直觉认为严邵雨心里肯定有难言之隐。基于此种判断，楚志刚便处处留意观察，并利用一切机会接近他。每天上班时，楚志刚总是热情招呼他，每次下班，也不忘问他一句："怎么样，晚上有什么活动？"

日子一天天过去，楚志刚锲而不舍的行动终于融化了严邵雨，他向楚志刚吐露了自己的苦衷：他刚失恋，痛苦得不能自拔。听完他的倾诉，楚志刚语重心长地开导他说："生活并没有对你不公，关键是你没有战胜自己的不良心态，失恋对你来说固然是个打击，但一切都可以从头开始呀。难道一辈子躺在这个阴影下面不出来吗？你可以不善待你自己，但你应该善待别人，尤其是你的同事，为什么要把你的不快带给别人呢？"经过楚志刚一番耐心而热情的开导，严邵雨终于茅塞顿开，从此解开了缠绕在心头的疙瘩，以崭新的精神面貌投入到工作中，每次见到同事也都热情有加了。

俗话说，人心都是肉长的。如果管理者能够以真诚和细致入微的关心、爱护来对待下属，下属自然会被感化，心里的坚冰也便不再坚硬了。面对上司的关爱，他们自然会心情舒畅，工作效率也必然会大大提高。所以，是否要走到下属中间，多观察和询问他们的情况和所遇到的困难，这笔账就需要管理者们好好算算了。

2.多一些激励，多一些赞扬

年轻的下属通常都有一种敢作敢当的勇气，有"明知山有虎，偏向虎山行"的冒险精神，他们干劲十足，锐不可当，但由于他们阅历少，工作经验缺乏，一旦受到打击，就可能精神颓废，一蹶不振。所以，智慧的将帅要尽可能地让他们燃烧工作的激情，多肯定和表扬他们，这样他们就越干越有信心，越来越有冲劲。

3.多一些倾听，让下属说出心里话

前面我们已经提到过，倾听在管理工作中的重要性。作为将帅，应该熟知，懂得怎样听下属说话以及怎样让他们开启心扉谈心里话，是管理制胜的不二法门。

由于职位的从属关系，一些下属害怕领导发现自己的不足，害怕遭到拒绝。如果下属一直是这样的心态，那么想取得良好的沟通将会比登天还难。要让下属消除顾虑，认真倾听他们的谈话是个不错的妙招。一旦下属发现和你这位领导在一起很安全，而你又打心眼里赞赏他们时，他们便可能向你敞开心扉。如果你能做到这一点，无形之中就会赢得下属的心，他们就会全身心地支持你、服从你。

当然，我们所说的倾听绝对不是要领导贡献出两只耳朵来，然后一言不发，那样的话，下属会感觉好像是在对牛弹琴，索然无味。聪明的领导，会引导下属谈话，让他们说出想表露的真实想法。

对于"红顶商人"大家都不陌生，而他制胜的法宝之一就是善于倾听。曾经有人这样描述胡雪岩："其实胡雪岩的手腕也很简单，胡雪岩会说话，更会听话，不管那人是如何言语无味，他都能一本正经、两眼注视，极感兴趣地听着。同时，他也是真的在听，紧要关头补充一两语，引申一两义，使得滔滔不绝者有莫逆于心之快，自然觉得投机而成至交。"

由此可见，将帅们想让下属亲近自己、信赖自己，就要认真倾听他们的建议，甚至连下属的牢骚也要微笑着倾听。当然，听完之后，领导还要发表一两句看法，以表示对下属的理解和关心。这样，下属们会因为自己得到了管理者的尊重而更加服从指挥，更加拥护管理者的决策，也会继续努力思考，主动为团队献计献策。

4.拒绝突如其来的要求时应婉转不应生硬

有些时候，管理者难免会遇到下属提出的一些突如其来的要求。这些要求合情合理，让人无法拒绝，可是由于形势所迫又不能立马批准，这时候领导万不可生硬拒绝，而应该把"不"说得婉转一些。

一天，作为某服装公司仓库部主管的冯凯就遇到了类似的事。那天下午，冯凯非常忙碌，可一个女职员突然要求请假，因为她家新房子的家具马上就要送达，自己必须回去验收。

面对这样的情况，如果冯凯断然拒绝会伤害到下属的感情，勉强同意又会影响公司的工作。这时，冯凯就拿出了沟通的本事，把不良后果降到最小。他这样对下属说："我知道，你们的新家具如果进不了门，放在外面会让人担心。所以，但凡有可能，我一定让你回家。可现在的问题是，我们的一个大客户待会要来拉一大批货物，这些事情需要你来负责。你是我的得力助手，应该明白我的苦衷吧。你看这样行不行，你现在先给家具公司打个电话，麻烦他们明天再送，那时候我们已经打发了客户，我保证会给你足够的时间来处理家里的事。"

女职员听领导这么一说，很痛快地答应了。

其实，这样说有三个好处：第一，下属明白了领导没有完全置自己的要求于不顾，确实认真考虑过了；第二，下属知道了领导不批给自己假的原因，公司确实有很重要的事，即使自己去验收家具了，心里也会惦记这边的工作；第三，从领导口里，下属听到"得力助手"几个字，肯定深受鼓舞。即使这个答复下属不能百分之百满意，也不会在心里结下疙瘩，相反会更加专心卖力地投入到工作中来。

第13讲 欲使星汉灿烂，必先歌以咏志
——管理者会激励方能扬士气

> 员工对自己所在团队的满意度越高，他们团队就越有可能成为公司中最为卓越的集体。也就是说，如果员工士气高涨，其工作效率就越高。而管理人员恰恰就是激励员工士气的负责人。身为管理者，要善于激励员工，让激励成为下属努力工作的最大驱动力。

用激励挖掘员工的潜力

管理者要认识到，一个人的潜力是巨大的，只要自己用心去挖掘、用心去鼓励，下属就能为团队创造出惊人的效益。

大凡看过《杰克·韦尔奇自传》这本书的人，想必对韦尔奇的便条式管理都印象深刻。该书后面附有从1998年至2000年写给杰夫的便条。这些便条多是对杰夫的赞赏、表扬和激励，同时也正是这些便条，在完善韦尔奇管理理念的过程中产生了十分巨大的作用。其中的一条这样写道："……我非常赏识你一年来的工作……你准确的表达能力以及学习和付出精神非常出众。

需要我扮演什么角色都可以——无论什么事，给我打电话就行。"类似这样的便条举不胜举，它们充满了浓浓的人情味。这种激励、尊重和付出，是非常让下属感动的。

应该说，激励是让下属努力工作的驱动力，下属的很多行为都是因为受到激励而产生的。如果一个人的上司是个善于激励自己的人，那么他便会自发地发挥主观能动性和自身的才能，全身心地投入到工作中来，确保团队实现既定目标，推动团队发展。如果一个管理者吝惜激励，下属的工作积极性就会大大降低，甚至选择离开。

陈平曾是项羽的谋士，因得不到重用而投靠了刘邦。他毫不客气地给了项羽一个"差评"。他说："表面上，项羽非常关心士兵，有士兵生病，他会难过得掉眼泪。但是，要让他对将士们有所奖励，实在太难了。他手里拿着发给士兵的'印鉴'（相当于公章、任命书），印鉴的角都已经磨光了，他却迟迟不肯发给士兵。士兵得不到应该有的奖赏，就觉得他并不是真的对他们好，就连看见士兵流泪也觉得流的是鳄鱼的眼泪。时间一长，士兵们看穿了项羽的英雄本色是虚伪，他们觉得跟着这样的将领难成大事，就纷纷离开了他。"最终，果然如士兵们预言的那样，项羽的确没有成就大事业，他最终败给刘邦，自刎于乌江。

看得出，项羽正是由于太过虚伪，不舍得用奖赏的方式来激励手下士兵，最终导致众叛亲离，身边的人才和士兵纷纷弃他而去，这不能不说是他管理上一个很大的漏洞。在现今的职场中，像项羽一样的管理者并不少见，他们忽视下属的成绩，吝惜激励之词，下属因此受到打击，工作热情荡然无存。

林希童是个入职不久的员工，加上年轻气盛，每天都神采奕奕的，好像身上有使不完的劲儿。

　　一天，她兴高采烈地回到公司，热情地对部门经理说："经理，特大喜讯！我那个难缠的客户今天终于同意签约了，而且订单金额比我们的预期多30%，如果不出意外的话，这将是我们部门这个季度利润最高的一笔订单。"林希童满心兴奋地等着经理表扬她，但经理的反应却很冷淡："我知道了。我问你，昨天开部门会议的时候，你怎么不在？"林希童说："我那时候正在和客户谈订单的事情。"经理不悦地说道："那你为什么不跟我请假？"林希童说："我只顾着谈订单，把这事给忘了。"经理口气严厉地说："你少拿订单说事！别以为谈成一单生意就可以违反公司的规章制度，如果公司的业务员都像你这么没规矩，公司早就乱成一团了！出去写份检查，下班之前交给我。"林希童有气无力地说道："知道了，经理。"说完，她表情沮丧地离开了主管办公室。从那以后，林希童像变了一个人似的，上班的时候没精打采，业绩也一路下滑。

　　故事中的林希童在寻求经理激励时，不仅没听到任何激励之词，没获得肯定和认可的心理需求满足，反而因为没有请假之事而挨了一顿批评，这严重地挫伤了她的积极情绪。可以说，故事中的这位经理是很不懂得管理之道的，长此以往，他的部门就可能一团糟。

　　著名管理顾问尼尔森曾提出过这样的理论："未来企业经营的重要趋势之一，是企业经营管理者不再像过去那样扮演权威角色，而是要设法以更有效的方法，激发员工士气，间接引爆员工潜力，创造企业最好的效益。"激励的力量是很强大的，受到高度激励的下属会加倍努力地工作，以达到公司制定的目标，创造出色的业绩。

麦肯锡咨询公司曾针对高层和中层管理人员做了一项调查，结果表明，有大约60%的人认为自己曾效力的团队，其领导者不够称职；其中，86%的员工承认，他们离开公司正是出于这一原因，因为在这种不称职领导的带领下，使他们为公司创造利润的能力大大降低。但他们也表示，如果受到一定的激励，他们就会做得很出色，并为公司创造更高的利润。

此次调查的负责人表示："在同一家公司中，不同团队的业绩与其成员的士气有着非常紧密的联系。员工对自己所在团队的满意度越高，他们的团队就越有可能成为公司中最为卓越的集体。同样，反过来说，如果员工对自己的团队不满，他们的团队在公司中的排名就会一落千丈。也就是说，如果员工士气高涨，其工作效率就越高。"

事实上，管理人员就是激励员工士气的负责人。

杰克·韦尔奇被尊称为"全球第一CEO"，他用20年的时间，将通用电气打造成企业巨头。在他的英明管理下，通用电气的市值由他上任时的130亿美元上升到了4800亿美元，排名也从世界第10位提升到第1位。他所写的自传被全球经理人奉为"CEO的圣经"。

在接手通用电气之前，韦尔奇是一个集团分公司的经理，虽然只是一个中层管理者，但这并没有影响他发挥自己的管理才华。

当时，他所在的分公司存在一个很大的问题，就是采购成本过高，这给分公司的生存造成很大的威胁，韦尔奇为此夜不能寐。后来，他想到了一个很好的方法，不仅解决了成本问题，而且给公司创造了很大的效益。

原来，韦尔奇专门为自己安装了一部特殊的电话。其特殊之处在于，这部电话专供公司的采购人员使用，不能对外公开。韦尔奇之所以这样做，是为了自己能够第一时间得到采供人员和供应商谈判的价格。因为任何一个采购员只要赢得了供应商在价格上的让步，都可以直接打电话给韦尔奇。每当这时，不管韦尔奇在做什么，即使是在谈一笔百万美元的生意，他都会立刻停止手上的工作去接电话，并且对那个采购员说："你干得太棒了！"随后，他会亲笔给这个采购员写一份祝贺信。

降低成本就等于提升收益，显然，韦尔奇深谙此理。他通过这种直白的激励方式，让采购员感受自己工作的重要性，使其工作热情大幅上升。韦尔奇用这种办法创造的效益，不仅体现在金钱的节省上，更体现在因对员工的激励而产生的更大收益上。

员工是立业之本，从某种意义上说，员工的积极性会决定公司的效益。韦尔奇的激励电话让员工觉得自己得到了尊重，他们很有成就感，工作热情就会空前高涨，由此产生的强大凝聚力会推动公司飞速前进。

有人对日本人给予过这样的形容，说他们是"只知工作的蜜蜂"，是"工作中毒"。其实，这种高昂的工作激情与日本企业中的激励机制是分不开的。美国哈佛大学的一位权威教授曾在自己的著作中指出："通过对员工的激励研究，我发现，实行计件工资的员工，其能力仅发挥了 20%～30%；在受到充分激励时，其能力则可发挥至 80%～90%。也就是说，同一个人在受到充分激励后所发挥的作用，相当于激励前的 3～4 倍。"

管理者可以通过话语对下属进行认可，或者通过表情的传递，让下属感受到自己被重视、被认可的心理需求，但要有一定的激励准则。在这方面，大家可以参照巴斯夫公司激励员工的 5 条基本准则。

2007 年，巴斯夫公司以 660 亿美元的年营业收入位居世界 500 强的第 81 位。在上百年的经营过程中，巴斯夫公司的管理者总结出一套激励员工的方法，并以 5 项基本原则作为激励准则。它们分别是：员工分配的工作要适合他们的工作能力和工作量；论功行赏；通过基本和高级的培训计划，提高员工的工作能力，并且从公司内部选拔有资格担任领导工作的人才；不断改善工作环境和安全条件；实行抱合作态度的领导方法。

总之，管理者要认识到，一个人的潜力是巨大的，只要自己用心去挖掘，下属就能为团队创造出惊人的效益。未来团队管理的重要趋势之一必将是管理者不再像过去那样扮演权威角色，而是想法设法以更有效的方法，引爆下属的内在潜力，创造团队最好的效益。想成为一个合格的将帅型人才，就赶紧记住这一条吧！

学会运用非物质激励

要想成功地运用非金钱激励方法，将帅们就要多了解下属的性格、爱好以及心理需求，这样才能将非金钱激励方法应用得灵活自如，达到激励的终极目的，让管理工作更加顺畅。

在有些管理者看来，就像"分分分，学生的命根儿"一样，"钱钱钱，才是员工的命根儿"。于是，他们信奉"重赏之下，必有勇夫"，为了激励下属，留住人才，便使用加薪这个杀手锏。但是，我们依然可以看到，很多优秀的人才并没有因为升职加薪而继续留在原单位，而是选择了跳槽。

对此，媒体曾发表过一篇文章，其中提到："逐年走高的员工流动率已经成为困扰企业发展的最大问题，这已经使很多企业不得不花费大量的时间、金钱在员工的重复招聘上。人才流失所带来的损失，已远远不是更高的招聘和再培训成本那样简单，它甚至已经成为企业经营失败的原因之一。虽然很多管理者已经意识到了是企业的激励机制出了问题，他们也试图通过提高福利报酬来达到降低员工流动率的目的，但效果依旧有限。"

为什么薪水上去了，员工却决然地走了呢？就像恋爱中先对对方失去感觉的一方，你对我再好，我对你也毫不留恋。探究其中的原因，我们不难发现，很多辞职的员工选择离开并不是因为金钱的问题，而是认为觉得精神空虚，缺乏个人成就感，对自己所承担的工作越来越缺乏兴趣。

前段时间，姜松被总公司派往外地任分公司的销售主管助理，薪水相应地增加了很多。可是，涨了薪水的他不但对工作没有热情，甚至还打算年底辞职。

原来，上级领导对姜松的工作很不放心，认为他年轻没经验，而且刚来此地，人生地不熟，非常担心他做不好工作，总是安排一些很简单的工作，而且，姜松工作时，他也经常干预。姜松的工作能力和自尊心都很强，他习惯独立思考问题和解决问题，在总公司时就取得过出色的业绩，也正因为如此，他才能在总公司脱颖而出，被派到分公司做协助销售主管工作。然而，到了这个新岗位，领导却当他是销售菜鸟，事事不放心。面对这种不信任和频繁干涉，姜松非常不满，尽管拿着高薪水，但他一点也没有工作的心思，满脑子想的都是辞职的事情。

很明显，姜松的领导在管理上出了问题，他没能做好激励下属的工作。职场中，很多管理者都会像姜松的领导一样，觉得激励员工就要实惠一点，除了升职就是加薪，但姜松的案例说明，仅靠金钱并不一定能有效激励员工。

我们不得不承认，每个人都不会对金钱熟视无睹。金钱的确是激励员工的因素，一个稳固的报酬计划对吸引、留住员工会起到一些作用。但是，金钱并不是唯一有效的激励办法，而且，很多时候，它不会起到积极的正面作用。原因很简单，金钱所起到的激励作用没有长久性，额外得来的金钱很快会被员工花掉，并快速地被遗忘。这与管理者所希望取得长期性、永久性效果恰恰相反。

20世纪30年代，美国哈佛大学的心理病理学教授梅奥率领研究小组，在美国芝加哥郊外的霍桑电器工厂进行了长达8年的系列实验，也就是著名的"霍桑实验"。实验结果表明："工作的物质环境和福利的好坏，与工人的生产效率并没有明显的因果关系，相反，职工的心理因素和社会因素对生产积极性的影响很大。换句话说，工人不是'经济人'存在，而是'社会人'，要调动其积极性，还必须从社会、心理方面去努力。"

实际上，下属并不总是在为金钱而工作。许多管理者都会有这样的经验，一句简单的问候、一个真诚的笑脸、一个拍肩的动作，都会让下属心花怒放，更愿意服从管理。这就是非金钱激励的作用。

著名管理学家赫茨伯格曾将激励要素排序，分别是成就、认可和挑战性。最初，赫茨伯格的研究引发了广泛争议，但是很多管理操作者的经历证实了他的正确性。

老托马斯·沃森刚刚接管 IBM 的前身公司时，就制定了一套严格的管理规范。但他的儿子小托马斯·沃森回忆时，说道："父亲的管理哲学要远比员工们在过去所习惯的具有更多的人性化色彩。父亲特别注意做到不解雇任何人。他告诉员工们他会一如既往地依靠他们，而他的工作将是锻炼他们成长。他懂得赢取员工忠诚的方式是尊重和强化他们的自尊。多年以后，当我加入 IBM，公司便以丰厚的薪酬福利和员工对我父亲极大的忠诚而著称于世。但是回首创业之初，几乎是白手起家，父亲是通过他的言语激励员工，从而获得他们的忠心。"

一些调查结果也证明了非物质激励的有效作用。在一项调查中，员工将激励方式按重要度排了一个序，前三项分别是：事业吸引人，工作中的成就；同事间人际关系的和谐；心情舒畅。

一位有多年管理经验的将帅也曾说过："金钱激励不是万能的，花钱买不来员工长期的积极性。激励不是交易，更不是博弈，因为金钱激励有刚性，而且存在着边际效用递减。因此，必须实现金钱激励与非金钱激励的均衡。也就是说，以金钱激励为基础，以非金钱激励为主体。"

因此，作为一名带领团队战斗于职场的将帅，一定要掌握多种多样的激励方法，尤其是非金钱的精神激励，这能体现出管理者的领导能力和管理水平。

在此，我们列举零成本或低成本激励下属的一些具体方法，供大家参考：

真诚地对下属说一声："您辛苦了！"

真诚地对下属说一声："谢谢您！"

真诚地对下属说一声："你真棒！"

由衷地对下属说一声："这个主意太好了！"

有力地拍一拍下属的肩膀（女性注意）；

给下属一个认可与信任的眼神；

给下属一次祝贺时忘情的拥抱；

为分享下属的成功而开怀大笑；

给下属写一张鼓励下属的便条或感谢信；

对下属的邮件及时回复；

下属结婚纪念日或者生日的时候，打个电话祝福或者送一件小小的礼物；

过节或者下属漂亮地完成工作后，发一条短信祝福和问候；

给下属一次无拘无束的郊游或团队聚会；

开一场别开生面的主题竞赛。

要想成功地运用非金钱激励方法，将帅们就要多了解下属的性格、爱好以及心理需求，这样才能将非金钱激励方法应用得灵活自如，达到激励的终极目的，让管理工作更加顺畅。上述所列举的均是偏重人的精神与情感方面的激励方法和技巧，不仅低成本甚至是零成本，而且可以反复使用，不断创新，你愿意试一试吗？

夸奖是最有效的激励方式

管理者经常运用夸奖激励下属，不仅可以让下属身心愉悦地投入到工作之中，而且可以制伏一些难缠的刺头下属。

为将帅者，莫不希望自己统率着一群骁勇善战、积极向上的士兵，可并不是所有将帅都能如愿以偿。我们常听到一些管理者抱怨自己的下属工作不积极、上班没精神、工作没效率，每天都是一副"当一天和尚撞一天钟"的精神状态。

至于为何如此，管理者大概只会把责任归咎到下属身上，而不去想想自己是否有做得不得当的地方。其实，很多时候，员工不能全身心地投入工作，原因恰恰是出在管理者身上。下属有了成绩，他们就直接屏蔽掉，连一个"好"字都不愿意说。日久天长，员工心中熊熊燃烧的小火苗就被这种冷漠毫不留情地扑灭了。

明清时期，有一个喜欢美食的官员，他家中有一个手艺很棒的厨子。厨子的拿手好菜是烤鸭，深受大家的喜爱，尤其是官员，三天不吃就馋得慌。但是，这个官员惜字如金，从来没有当面夸奖过这个厨子，厨子觉得很没有成就感，心情非常抑郁。

一天，官员的几位好朋友远道而来，他心情大好，就在家设宴招待他们。宴会上的压轴菜就是官员最喜欢吃的烤鸭。烤鸭上来之后，官员赶紧拿起筷子，给朋友夹了一只鸭腿，当他再次将筷子伸向盘中，想给另一位朋友夹鸭腿时，却怎么也找不到那只鸭腿。他让下人将厨子找来，然后不悦地问道："这鸭子怎么只有一只腿，另一只腿哪里去了？"厨子不慌不忙地答道："启禀大人，我们府里养的鸭子都只有一只腿！"官员觉得非常诧异，但碍于众多朋友在场，就没有再深究。

朋友走后，官员便跟着厨子到鸭圈去一探究竟。当时已经是夜晚，鸭子都在睡觉，都只露出一只腿。厨子指着鸭子说："大人您看，我们府里的鸭子不全都是只有一只腿吗？"官员听后，极为生气，他用力地拍掌，吵醒了鸭子，被惊醒后的鸭子都站了起来。

官员冲着厨子喊道："你自己看看，这里的鸭子不全是两只腿吗？"厨子也大声地回应："大人英明啊！原来，只有鼓掌拍手，才会有两只腿呀！"官员当即明白了厨子的用意，从那以后，他不再吝惜自己的赞美之词，总是不时地夸赞厨子做的菜别有一番味道。厨子心花怒放，不断研究新做法，厨艺越来越高。

这个故事虽然可看作是一段笑谈，但从中不难领会出，下属是多么需要、多么渴望得到上级的夸赞，这对他们来说，是肯定、是荣耀，远比金钱更令其心旷神怡呢！

其实，能使下属永无休止地施展才华的最佳方法，就是得到上司的夸奖，这能有效地激励他们的工作积极性。但遗憾的是，很多管理者都如故事中的官员一样，碰到不顺心的事，就把下属批评得一塌糊涂；碰到应该夸奖的事，却又沉默不语，吝于赞美。这对下属的成长和团队的发展有百害而无一利。

欧甜郁大学毕业后,应聘到一家中外合资的医药企业做业务员。工作后的前几个月,她的销售业绩少得可怜,部门经理经常在员工大会上点名批评她。所谓"知耻而后勇",欧甜郁不断地钻研业务技巧,经常向老员工请教,经过不断的努力,她对业务的熟练度逐渐增加,与客户的沟通也越来越顺畅,销售业绩呈现出上升趋势。到了年底,她通过与同事们的接触得知,如果不出意外,自己应该就是年度销售冠军。但是,让欧甜郁失望的是,部门经理定下了一个政策:不公布每个人的销售业绩,也不鼓励相互比较。为此,欧甜郁心里很失落。

新年伊始,欧甜郁就开始奋力工作,功夫不负有心人,欧甜郁的业绩十分出色,她提前两个月完成了全年的销售任务,但是,部门经理对此没有任何反应。

虽说在工作上一帆风顺,但欧甜郁总是觉得自己干得不顺心。她觉得部门经理的政策很不合理,他从来只是批评做得不好的人,却从不告诉大家谁干得出色,一点也不关注销售人员的业绩水平。

一次和大学同学聚会时,欧甜郁听说另外两位同学所在的很有实力的医药企业都在进行销售比赛和奖励活动。那两家公司的内部还有业绩榜单、公司内刊,专门对销售人员的业绩做出评价,让公司的每个人都知道销售人员的业绩,并且开大会表彰每个季度和全年的优秀业务员。不比不知道,越比越失望,一想到到自己领导的做法,欧甜郁的气就不打一处来。

忍无可忍之下,欧甜郁主动找到部门经理,跟他说了那两家公司的做法，希望他也可以采取同样的策略。但是，部门经理将脸一沉，说："每个公司的企业理念不同，我们部门实行这种政策已经好几年了，这也是咱们公司独特的文化特色，我们不能随大流，别人怎么做我们就跟风。"

欧甜郁由失望变成绝望，她立刻写了一封辞职信，辞职的理由很简单："经理，我对公司的贡献没有被给予充分的重视，没有得到相应的回报，我没有工作动力了。"

可见，故事中这位部门经理不懂得使用有效的激励方法，没有给予欧甜郁应有的赞美，这让欧甜郁的心里极度失落，缺乏满足感，她只好甩袖走人，该经理也失去了一名优秀的销售人才。

一位著名的畅销书作家曾在他的著作中提出这样的理论："员工最希望得到什么奖励？有人认为是金钱。其实不然。如果你将金钱和领导的赞赏同时列举出来，并告诉他只能选其中一项，那么大多数人都会选择赞赏。"对于这一说法，著名心理学家威廉·吉姆斯也表示同意。他说，员工渴望得到赞赏，没有人会从内心里认为自己受到的赞赏太多。

有一位资深职场人士曾经说过这样的一段话："我对赞美有瘾。虽然我既不富有吸引力，也不够成熟，更谈不上多产。但我依然渴望赞美。假如得不到赞美，我会一蹶不振；假如得到赞美，我会捧到灯光下细细考量，如果觉得'质量合格'，就会感受到短暂的"赞美快感"。但之后，我还会想要得到——我需要——更多的赞美。"

密苏里广播电视厂的代理总裁乔治·威勒曾感慨地说道："我还没有发现比对下属说'我为你感到骄傲'更好的话。那是你对一个人的最高赞赏。当一个下属极其出色地完成了一件工作，或为节约资金和削减消费提出一个很好的建议，仅仅说声'谢谢'是远远不够的。应该到他的生产线上，当着所有同伴的面说'万分感谢，贝尔，我真为你感到骄傲'，他会比以前更努力地工作。每个人都会如此，人人都需要这样的蜜汁。"

管理者经常运用夸奖激励下属，不仅可以让下属身心愉悦地投入到工作之中，而且可以制伏一些难缠的刺头下属。

宋先生是一家公司的创意总监，他非常赞同用夸奖作为激励手段。他说："这种方法让我的管理顺畅很多。最大的一个收获，就是发生在一个我之前认为很难缠的一个下属身上。"

那是一个很年轻的下属，有点年少气盛，桀骜不驯，每当她接受一项新工作时，总会不出意外地将它搞砸。宋先生非常恼火，经常批评她，并给予她相应的惩罚。起初，宋先生觉得这种方法会奏效，会让她有所收敛，但是事实证明，这完全不管用，她依旧我行我素，甚至有愈演愈烈的趋势。

其他部门的负责人劝宋先生赶紧找个理由把她开除了，省得每天都要操心。但宋先生认为自己应该再做一些努力，改变她的行为，而不只是辞退她。

宋先生开始改变管理方式，他称赞她做对的一些事，并在其他人面前称赞她，让其他的员工知道她的工作能力还是不错的，并不是完全不行。他还让她跟别人做同样的工作，这可以让她通过比较进而知道自己的表现如何。

以前，宋先生总是等到她完成工作了才进行查看。现在她工作时，宋先生会走到她的座位旁，看她的工作进度，并且在她做得好的时候称赞她。时间一长，宋先生就发现，因为自己对她多了称赞，少了批评，她的工作绩效大大地提高了，错误也减少了，还主动要求宋先生给他一些新的任务。宋先生感慨地说道："称赞下属比起我们讨论、批评他做错的事情，效果要好得多。"

英特尔的创始人之一诺斯博士说："绩优的下属渴望得到上级的评估、赞美和表扬。如果管理阶层不这么做，这些下属就无法看到自己对企业的贡献，从而造成士气的低落。"由此可见，现今职场中的很多员工，不仅是为了获得金钱而工作，他们更希望得到领导的重视。所以，在下属取得成绩，表现出色的时候，就要适时地说一句："干得漂亮，我为你感到自豪。"简单的一句话，却是对他们最有价值、最给力的激励。

总之，一个聪明的将帅型人才，不仅需要有一定的工作技能和领导能力，还需要掌握赞美下属的技巧。在恰当的时候，为下属量身定做一顶"高帽"，这样就会令他们欢喜，而自己也会更加有效地接近自己的意愿，更加顺利地完成团队的工作。

真诚是赞美的基石

身为将帅，一定要懂得，真诚是赞美的基石。有了它，赞美的大厦就会无坚不摧，赞美的力量也会如虎添翼，更加强大。

如果你问一百个人，他是喜欢真诚还是喜欢虚假，那么就会有一百人回答喜欢真诚。如果将真诚比喻成喜鹊，人见人爱，那么，虚伪就是乌鸦，人见人烦。只有真诚的东西才会被我们欣然接受，即便是人人爱听的赞美之言也不例外。

将帅们只有真诚地赞美自己的下属，才能唤起下属的信任感和归属感，让其身心愉悦地接受表扬，并在工作中更加积极地发挥自己的才华。反之，如果来自领导的表扬毫无诚意，只是为了某种目的而说的，员工就会对其充耳不闻、不以为然，而且会觉得领导很虚伪、功利。

邱凯达在一个器械公司担任后勤部主任一职。最近，由于公司人员调动，有好几个经理的职位暂时处于空缺状态。公司高层领导决定通过员工投票的方式，在公司内部选拔经理。闻听这一风声，邱凯达有点坐不住了，他以前和下属的关系不冷不热，这回想赢得民心看来不是那么容易。邱凯达日思夜想，终于想出来一个主意，他决定用和下属套近乎的方式，来为自己拉拉选票。

可是具体怎么做，邱凯达尚不清楚，于是他就开始运用万能的"网络搜索"。在网上，邱凯达看到一个说法："要建立好的人际关系，首先要学会赞美别人。"于是，他照葫芦画瓢，每天都去赞美下属，但是并没有收到什么好的效果，下属反而对他的态度更加冷淡了。邱凯达非常生气："现在的员工太不知好歹了，我堂堂一个后勤部主任屈尊去赞美他们，他们居然还摆架子，我真是热脸贴在冷屁股上。"真的是下属不知好歹么？其实不然，是邱凯达的赞美太不真诚。

一天早上，下属何鸿刚进办公室，邱凯达的脸上就堆满笑容，说道："哎呀，何鸿，你这裙子真不错，是今年的新款啊，我昨天刚在一本杂志上看见，好多电影明星都穿呢，你穿上之后，也很有明星气质。"谁知听了他的话，何鸿毫无欣喜之情，她淡淡地说了一句："是吗？邱主任，你看的是两年前的杂志吧。"

原来，何鸿的裙子是两年前买的，根本不是流行款式。邱凯达从来不看时尚杂志，他是为了讨好何鸿，才编出一套赞美之词，没想到何鸿丝毫没给自己面子，而是揭穿了自己。最后，他只好悻悻地走进自己的办公室。

显然，这位后勤部邱主任毫无诚意的赞美，换来的结果是"偷鸡不成蚀把米"，不但没有拉近自己和下属的关系，反而招致下属的厌恶。

身为将帅，一定要懂得，真诚是赞美的基石。有了它，赞美的大厦就会无坚不摧，赞美的力量也会如虎添翼，更加强大。有人曾这样比喻真诚赞美的能量："其实，人生就像一株睡莲，很多人一辈子就这样沉睡着，根本开不了花；人生又像孔雀开屏一样，很多人一辈子也开不了屏。如果这时给他们一句赞美，或许会促成他们开花开屏。"

余艳丽是个腼腆自卑的女孩。毕业后，她进入一家杂志社工作。面对众多文采出众、出口成章的有才同事，她愈发自卑。她在公司的大部分时间都是一个人待在电脑前敲字，几乎不与别人交谈。

一天，主编给大家布置了一个任务：给当下一部很火的电影写一篇影评。直到今天，余艳丽已经回忆不起来她写的那篇影评有什么独到之处，或者主编给的评分究竟是多少，但她清楚地记得并且让她永生难忘的是，主编拿着她的稿子，满脸真诚地对她说："写得非常棒。"

就是这句真诚的赞美，改变了余艳丽的人生，她说："在听到这句话之前，我对未来非常迷茫，我不知道自己选择以文字为生的工作是否正确，不知道自己可以在这行取得什么成绩，也不知道自己可以坚持多久。但是，听了主编真诚的赞美之后，我开始夜以继日地写文章，还不时地写一些小说，这是我一直梦想的，但从来不相信自己能做的事。"

在那段时间里，余艳丽写了许多文章和情感小说，她经常把它们带给主编评阅。在主编不断地赞美和鼓励下，余艳丽的信心增加了，文笔提高了，她进入了一种全新的工作状态。几个月后，在主编的推荐下，余艳丽成了情感版的主笔，她细腻的文风受到了很多读者的喜欢，杂志销量节节高升。在公司成立3周年的庆祝晚会上，她给主编深深地鞠了一躬，并告诉她："主编，我永远忘不了您对我说"写得非常棒"时的真诚表情，是您给予了我信心，坚定了我以文字为生的信念，谢谢您，您改变了我的人生轨迹！"

美国著名作家鲍勃·纳尔逊说过:"在恰当的时间,从恰当的人口中道出一声真诚的谢意,对员工而言,比加薪、正式奖励或众多的资格证书及勋章更有意义。这样的奖赏之所以有力,部分是因为经理人在第一时间注意到相关员工取得了成就,并及时地亲自表示嘉奖。"对于下属自身存在的优点和取得的成绩,将帅们应该发自内心地感到高兴,并满怀真诚地说出赞美之词。这种充满诚意的赞扬,会让下属受到感染,可以激发他们更大的工作热情与干劲儿。

作为将帅,要做到真诚赞美下属,除了心诚之外,还需要一些技巧。一般来说,可以从以下几方面去做:

1. 不说套话

下属希望得到领导的赞美,而且是能真正表明他们价值的赞美。如果管理者只是对下属讲些"才华横溢"、"前途光明"、"很有发展"之类的套话,就很难达到赞美的预期效果。所以,管理者要有针对性地对下属进行赞美,比如:"你的沟通能力很不错""你很有销售的天赋"等。要做到这一点,管理者就要加强与下属间的沟通,多关注他们的工作情况。

2. 赞美要单纯

要想有效地使用真诚的赞美,将帅们还就要注意这种赞美必须不着痕迹,千万不要一语多关,在赞美中包含一些暗示性字眼。

某领导经常要求一个下属帮他做工作总结,但下属总是不能按要求完成。有一天,领导发现下属将总结写得非常好,于是,对他说:"我很高兴看到你把总结做得这么棒,真是太阳从西边出来了。"

这个领导的赞美就如同给了下属一个甜枣，马上又给了一个巴掌一样，下属根本没有接收到领导发出来的赞美，只收到了嘲讽。因此，真诚的赞美必须是单纯的，不要暗含其他意思。

3.赞美要具体，切忌太笼统

有的领导也会赞美下属，但总是收不到好的效果，原因就是他们总是用笼统的话语赞美同事。比如："你真聪明！""你的工作能力真强！"这样的夸赞会让下属觉得他们非常不真诚，只是随口说说而已。

作为将帅，应该这样说赞美的话，比如，下属剪了个新发型，你可以这样赞美："这个发型很适合你，显得你很有精气神儿。"再如，下属完成了一个不错的方案，你可以这样夸赞："这个方案很有独到之处，值得我们部门的所有策划人员学习。"

把握好赞美的"度"

凡事过犹不及，赞美也是如此。管理者一定要通过以下三个方面把握好赞美的度，避免过犹不及。

古人告诉我们凡事过犹不及。将帅们赞扬下属也是如此，要恰到好处，不要用词过度。或许不少管理者深谙赞美能够激励下属之道，于是大肆向下属发放心中的赞美之词。

不可否认，这些将帅文采斐然，善于言辞。但是，忘记了"过犹不及"的训诫，否则，可能就会事与愿违了。

仔细观察一下，我们发现，这种对下属夸赞起来滔滔不绝的将帅，一般有两种表现：一种是不以下属的行为标准和工作成绩为准绳去进行表扬和称赞，而是将赞美当成一种惯性，就像与人见面时所说的"早上好"、"吃了没"一样，会脱口而出；另一种则是根据自己的个人喜好和下属的奉承功夫进行表扬和称赞，管理者看着顺眼的员工，会溜须拍马的员工，会做表面功夫的员工会屡屡得到表扬。第一种表现会让下属觉得管理者的表扬没有价值，从而对表扬不屑一顾。第二种表现的结果则会让在员工形成错误的思想：练好拍马功夫是正道，只埋头干好工作是无法赢得管理者青睐的。久而久之，团队中就会刮起一股不正之风。

尹丹在一家食品制造公司工作，任营销主管一职，她手下的兵以男性为主。尹丹有一个习惯，每次与下属交谈或向下属交代工作时，她都会习惯性地说一句"干得不错"。比如，她问自己的助理："今天的员工大会定在哪个会议室开？"助理答道："一号会议室。"尹丹听后，就会说道："知道了，你干得不错！"她这样习惯性地多加一句"干得不错"，常常让下属一头雾水："主管为什么要表扬我呢？"

一次，一个男下属没有按照尹丹的标准制定营销策划，尹丹看过之后，又习惯性地说了一句："干得不错，辛苦你了。"然后话锋一转："但是，这个数据有点问题，还有这个……"男下属被尹丹的话搞得云里雾里，不知道尹丹对这份计划书到底持什么态度。他问道："尹主管，您觉得这份计划书怎么样？"尹丹说道："不错，你做得很好，只是有几个地方需要修改，不然会影响整个计划的实施效果。"男下属有点儿气恼："您说话怎么拐弯抹角的？如果您觉得不好，就直接指出来嘛，为什么要用这种方式嘲笑我的工作能力？"说完，他离开了办公室。尹丹满心疑惑："我明明是在表扬他，他怎么会这么理解呢？"

故事中的尹丹就是过度地使用了赞美，她将赞美当成了一句口头禅，无论下属做什么，她都脱口而出"干得不错"，这让下属心中毫无喜悦，反而充满充满疑惑。而且，她的下属以男性居多，她的过度赞美会让下属产生这样的想法："我做了这么点事情，领导就表扬我，分明是低估了我的能力，认为我只能做到这一步，真是头发长、见识短的女人！"如果尹丹不减少自己的赞辞，久而久之，她的部门就可能因为赞美而人心涣散、士气低迷。

露西·凯拉韦是英国著名的管理专栏作家，她曾讲过这样一件事情："上周，一位报社差旅部的女士帮我订了一张机票，我给她发了封电子邮件：'你做得真棒——太感谢了。'当时我觉得，如此热情地表扬她所做的分内工作，自己的表现既令人陶醉，又和蔼可亲。但现在我意识到，自己的做法其实不那么值得称道。我不但是在贬低这种语言的身价，也是在推广一种毒品——这会把人们变成丧失动力、重归幼稚、依赖表扬的'瘾君子'。"

领导适时地赞美下属，是合乎情理的激励行为。但是，如果在管理过程中过度频繁地使用赞辞，只会产生负面效果。那么，将帅们应该如何把握好赞美的度呢？一般来说，可以从以下几方面去做：

1.把握好赞美的标准

要想合理地给下属赞美,需要将帅们先给自己设定一个标准,这个标准不能过高或过低。如果赞美标准过高,会让下属心生畏惧,觉得很难进入管理者的赞美范围,从而失去争取赞美的信心。而赞美标准过低,会让下属觉得受到表扬易如反掌,是唾手可得的事情。久而久之,他们就会对领导的赞美不屑一顾,工作积极性会逐渐降低。

2.赞美要"分散",而不要集中于某个下属

有些管理者常犯这样的毛病,对于表现出色的下属,总是频频送来赞美之言,对其他的下属则持基本无视的态度。相关研究表明:"当管理者在特定时间内表扬同一个下属的次数越频繁,表扬收到的效果也就越低。"

前不久,某公司后勤部的员工极其不愿意参加会议,因为无论会议的主题是什么,最后都会变成个人表彰会。每次,后勤部主任都会用这样的结束语:"最后,我要表扬一个员工,她工作努力、认真负责,我非常欣赏她。她就是高丽杰,大家要以她为榜样……"

高丽杰自己都记不清已经得到过领导多少次表扬了。最初,她对此感到很兴奋,但次数一多,她就觉得领导的表扬就像一剂慢性毒药,让她浑身上下散发一种毒气,同事都不愿意接近她,还经常在背后议论纷纷。

一次,高丽杰偶然听到同事菲菲对李芬说:"也不知道高丽杰给领导灌了什么迷魂汤,让领导天天张口'高丽杰好',闭口'高丽杰棒'。我知道她的工作做得很出色,但也不见得所有方面都比咱们强吧。即使她样样都比咱们优秀,领导也不至于次次开会都这么大张旗鼓地表扬她吧。你说,她和头

儿的关系是不是不正常啊？"

这样的说法让高丽杰极为震惊，而且，更让她意想不到的是，同事都用一种很奇怪的眼神去看她，对她也若即若离，她觉得在办公室中就像是一个只被领导一个人认可的怪人，她与同事之间的沟壑越来越深了，工作也没精神。

经过深思熟虑后，高丽杰决定去找领导谈谈，她对总表扬自己的主任说："我希望您能减少对我的表扬次数，也多表扬一下其他同事。"主任很不解，询问原因。她苦着脸说道："现在同事们对我不理不睬的，还说一些不着边际的话，我都没有心思工作。"主任想了想，答应了她的要求。

任何一个团队里，如果总是让员工们听到极个别的一个或者几个人受到领导的夸赞，那么，他们就会产生挫败感，觉得自己的工作得不到认可，进而怀疑自己的能力。此外，他们还会对获得表扬的同事产生妒意，以致影响到团队的和谐稳定。

因此，身为将帅，不要反复去赞美那些早就被大家认可的下属。进行赞美激励时，管理者应该本着顾全大局的原则，不管是新人还是元老，不管是表现平庸者还是工作出色者，只要他们有值得赞美的地方，就要毫不吝啬地去赞美他们，让所有人都沐浴在赞美的阳光中，团队才会朝气蓬勃。

3.赞美的人数要有讲究

相关研究表明：管理者一次赞美的人数必须控制在一定范围内，过多或过少都不会取得良好的效果。数量过少，容易使受赞的员工产生孤独感，使其他下属产生排斥心理；数量过多，下属则会产生

"做成什么样都可以受表扬，何必干得那么辛苦"的想法，这样就失去了激励的初衷。所以，赞美人数的把握，还需要将帅们好好拿捏一下。

负激励的作用"非负"

管理者适当地赞美下属，会让下属如沐春风、动力十足，而不失分寸的批评则如三月小雨，润物细无声，可以让下属敞开心扉，发挥潜在的能量。

在管理学中，有一个"正负激励"理论："正激励就是当一个人的行为符合组织的需要时，通过奖赏的方式来鼓励这种行为，以达到持续和发扬这种行为的目的。负激励就是当一个人的行为不符合组织的需要时，通过制裁的方式来抑制这种行为，以达到减少或消除这种行为的目的。"很多时候，负激励的效力要大过正激励。

如果把赞美看作领导给下属送来的一缕阳光，那么批评就是一面心灵反光镜，能让下属更加客观而真实地认识自己。管理者适当地赞美下属，会让下属如沐春风、动力十足，而不失分寸的批评则如三月小雨，润物细无声，可以让下属敞开心扉，发挥潜在的能量。

拿破仑在一次打猎过程中，忽然听到有人在喊"救命"。他四下看了一下，发现一个男孩落水了。只见男孩一边拼命挣扎，一边高声求助。拿破仑看了看那条河，发现河面并不宽。他没有跳下水去救男孩，而是端起猎枪，对准那个男孩，大声地喊道："如果你不自己爬上岸来，我就一枪打死你！"没想到，那个男孩见拿破仑丝毫没有伸出援手的意思，反而要让自己的处境更加危险，就使出全身力气，奋力自救，最终游上了岸。

这显然是负激励的效果。试想，如果拿破仑下水去救男孩，那么男孩永远都不知道自己会爬上岸来，下次再遇到类似情况，又无人施救的话，那他就只有溺水而亡了。

莎士比亚曾说："波澜壮阔的大海能产生蛟龙和鲸，清浅的小河里只有一些供鼎俎的美味鱼虾。"管理者要想让下属成为"蛟龙"，就要像拿破仑用枪搭救落水人一样，适当地运用负激励，给予他们批评，让他们感觉到压力的存在，进而产生更大的动力。

一些将帅认为批评带有一种负面的压制，但从实际应用的效果来看，批评可以帮助下属了解和正视自身存在的缺点和不足，并及时寻求方法改正，取得快速进步的效果。

批评是很有效的逆向激励手段，如果管理者羞于批评，下属就不会明白自身存在什么缺点，更谈不上改正缺点了。但是，将帅们运用这种激励方式时，也要讲究艺术。运用得当，批评可以改变下属，将其引到成功的路上。运用不当，则可能让下属从此委靡不振，找不到奋斗的方向和动力。那么，管理者在运用批评这种负激励方式时，应该掌握哪些技巧呢？

1. 注意批评用语，婉转的话更易产生理想效果

简单粗暴的批评非但不能实现激励的最终目的，反而会弄巧成拙，激起下属的逆反心理。相反，用委婉的方式批评下属，就比较容易让下属改掉缺点，可以收到事半功倍的激励效果。

每年上半年，邢金敏就会受邀参加某机构组织的文案评审活动，这个活动虽然没有多少酬劳，但却是一项荣誉。很多同行业的人想参加却找不到门路，也有人参加过一两次，但就再也没有被邀请过。因此，大家对邢金敏可谓是"羡慕忌妒恨"。按常理说，这样的工作应该邀请业界的权威人士，或是资深广告人，但邢金敏似乎两头都不占，为什么还能年年获此殊荣呢？直至邢金敏第六次参加这个活动时，有人问她其中的奥秘，她才向大家揭晓了答案。

原来，邢金敏之所以能年年受邀，与她的出身背景和职位没有关系，主要原因是她能真诚地给别人激励，委婉地给予批评。当她发现某些问题时，她会在活动结束之后，找来文案的策划人员，委婉地告诉他们文案中存在的缺点。这样，就不会伤害文案策划人员的自尊心，承办方对她的这种做法也很满意，非常尊敬和喜欢她，所以，他们年年都会特意留一个评审位置给邢金敏。

2.批评是个"私密"事儿，不要在人多的场合进行

对管理学有所了解的朋友，大多都知道这样一条重要的法则："对一个人的表扬，尽量用公文，而对一个人的批评最好用电话。"表扬是对下属的肯定，也是对一种好的工作态度的弘扬，用公开的方式，可以起到很好的公示作用，让其他员工进行学习。批评是另一种意义上的激励，它可以让下属对自己身上出现的问题有深入的认识，但不适宜在众人面前对下属使用。将帅们要尽量私下批评下属，这样，在解决问题的同时，可以最大限度地维护下属的自尊心。

在我国古代,有位教书先生,他的弟子非常多,可谓桃李满天下。一次,一个同行问他:"我们同是教书之人,我读的书还比你多,学问比你强百倍,为何你会有那么多的弟子跟随,而我的弟子却屈指可数?你究竟有什么秘诀?"他微微一笑,答道:"我的秘诀就是,当有弟子犯错了,我要批评他时,我一定将他叫到我的房间里,在没有旁人的场合提醒他犯错了,仅此而已。"听者若有所思,点了点头。

3. 给批评加点"糖",让下属心里甜丝丝

有的将帅信奉"忠言逆耳利于行",当下属犯错后,他就会将下属叫进办公室,然后直奔主题,批评下属所犯的错误。这样没有铺垫的批评方式往往会让下属很反感。要想让下属真心接受批评,管理者就要在批评上裹层蜜。

美国玫琳凯化妆品公司在创业时期只有9个人,时至今日,玫琳凯已经发展成为世界上最大的护肤品和彩妆品直销企业之一,在全球拥有5000余名员工。它的创办人玛丽·凯被称为"美国企业界最成功的人士之一"。

玛丽·凯是一个出色的管理者,她一直奉行着一个批评原则:不管是什么事情,必须找出员工值得表扬的地方先说出来,之后再说批评的话,而绝不能只批评不表扬。她说:"批评应对事不对人。在批评员工前,要先设法表扬一番。或者在批评后,设法表扬一番。总之,应力争用一种友好的气氛开始和结束批评。"

玛丽·凯原来有一个工作能力很不错的的女秘书,但因为工作需要,女秘书被调到别的岗位,继任者是一个刚刚毕业的女大学生。新来的女大学生有一个毛病:打字总是不注意标点符号,这让玛丽·凯读文件时非常吃力。

有一天,玛丽·凯对女大学生说:"你今天穿了这样一套漂亮的衣服,显得你既美丽又大方。"女大学生听到老板对她的赞美,备感惊喜。玛丽·凯接着说道:"尤其是这排纽扣,点缀得恰到好处。所以,我要告诉你,文章中的标点符号,就如同衣服上的扣子一样,注意了它的作用,文章才会易懂并条理清楚。你很聪明,相信你以后一定会更加注意这方面的!"

从那以后,女大学生改变了工作态度,变得非常细心,做什么事情都有条不紊。一个月后,她的工作让玛丽·凯非常满意。

第 14 讲　欲为后事之师，先取前车之鉴
——管理者善借鉴方能知兴衰

　　管理者的修炼并非一蹴而就的，而是通过岗位锻炼和自我修正发展出来的。所谓"前事不忘，后事之师"，管理者必须善于借鉴成功者的优秀管理经验，进而形成一套自己的独特管理模式，打造属于自己的完美团队。

学穆里尼奥用铁血柔情带团队

　　穆里尼奥不是一个神话，因为他已经奋斗了十几年。而优秀的管理者也不是一天就能练成的，要学会坚持。

　　对于球迷们来说，穆里尼奥是个人人熟知的名字，当然同样为人们所熟知的还有他那与众不同的个性。球迷们还送给他一个亲切而贴切的称呼——"魔力鸟"，其实这也是对他执教能力最好的肯定。从波尔图到切尔西，再从切尔西辗转国际米兰，穆里尼奥不断施展着自己神奇的魔法，为他所执教的那些球队注入强大的战斗力，带领他们收获赛场上的诸多荣誉。

穆里尼奥执教生涯第一次大放异彩是在波尔图。波尔图历史悠久，是葡萄牙联赛的豪门球队之一，在欧洲赛场上也有过不俗的战绩。2002年1月，穆里尼奥接受了波尔图俱乐部的邀请，正式成为了该队的主教练。不过，当时的波尔图早已不复当年之勇，正在联赛中游苦苦挣扎。

那个时候，穆里尼奥还是年轻的小伙子，而且也没什么名气，所以没有人拿他当盘菜。然而，穆里尼奥本人却是信心满满，在接受媒体采访的时候他宣称要让波尔图重振雄风。这在几乎所有人听来都是天方夜谭的东西，而在穆里尼奥的心里却是极其认真和坚定的。

之后的事实推翻了人们的猜测，同时也验证了穆里尼奥的那份认真和坚定。

就在穆里尼奥正式来到波尔图之后，他很快就向人们展示了他的铁腕。鉴于球队纪律一向松散，穆里尼奥迅速出台了一系列严格的队规，并要求队员们对此严格遵守。只要有一次违反纪律的经历，就会被下放到预备队。如果再一次违反，就会在队内遭到公开训斥；假如第三次犯错，那么对不起，就要离开俱乐部了。

这种看起来很冷血的做法，似乎让人感到穆里尼奥太冷酷了，可是冷酷的同时，他也向人们展示着柔情的一面。可以说，他的冷酷是为了打造一支强有力的团队，而他的柔情则是凸显着自己对球员的热爱之情。

在平时的训练过程中，穆里尼奥十分注重与球员沟通交流。当有新球员加入球队，一段时间内可能不适应，这时候穆里尼奥会单独和他一起训练，帮助他们迅速适应球队。有时候，某个队员出现状态不佳的情况，穆里尼奥也会用各种方法帮助他早日找回状态。同时穆里尼奥还十分保护球员，不让他们受到舆论的干扰。穆里尼奥对球员们的关心，也赢得了球员们的大力支持。

果然，在穆里尼奥的治理之下，波尔图的面貌焕然一新，整个球队充满了蓬勃朝气。2002~2003赛季，波尔图成为了联赛、杯赛和联盟杯"三冠王"。在欧足联2003年最佳教练的评选中，穆里尼奥获得的选票超过10万张，他最终以60%的得票率荣登欧洲最佳教练的宝座。接下来的一个赛季，穆里尼奥再接再厉，带领波尔图在冠军联赛中一路高歌猛进，最后与摩纳哥会师决赛，并最终夺取了至高无上的荣誉——欧洲联赛冠军。

当胜利的桂冠戴在头上，它闪烁的光芒自然会引起人们的注意。2004年，穆里尼奥接受了俄罗斯大亨阿布拉莫维奇的邀请，孤身一人来到伦敦，成为了蓝色豪门切尔西的教头。在穆里尼奥到来之前，英超联赛的冠军一向是由曼联和阿森纳轮流坐庄，其他球队根本无力与其竞争。阿布花重金打造切尔西，但连续两年都与冠军无缘，这才让他萌生了换教练的想法。而目标直指穆里尼奥。

穆里尼奥接过教鞭后，首先对球员做了清理，将那些冗余人员赶出了俱乐部。接下来，他又故伎重施，对切尔西进行严格的管理，限制队员去酒吧酗酒。

经过一番大刀阔斧的改革，切尔西变得更加具有战斗力，成为了冠军的有力争夺者。在英超赛场上，穆里尼奥获得了2004~2005赛季和2005~2006赛季的联赛冠军、一个足总杯冠军和两个联赛杯冠军，并且在欧冠赛场上也取得了不错的成绩。

2007年9月，穆里尼奥从切尔西离职，但8个月后他就和国际米兰签订了合同。

我们知道，国际米兰是欧洲历史上最重要的豪门之一，在世界范围内都有大量的球迷。但是，这支国际米兰目前正处于历史的低谷。

国际米兰足球俱乐部一向有着"球星黑洞"的称号，很多大牌球星来到这里后一蹶不振。与其说国际米兰足球俱乐部没有球星，不如说是因为管理上的混乱才导致连年失败。穆里尼奥是一个长于管理的人，来到国际米兰足球俱乐部之后，他很快就看透了国际米兰足球俱乐部多年的顽疾。

在穆里尼奥的管理之下，国际米兰足球俱乐部一改过去的颓势，成为了一个有凝聚力的团体。由于穆里尼奥对球员们的关怀和关心，让他们很受感动，卖力地为他工作。莫里尼奥入主国际米兰足球俱乐部第一年就获得了联赛冠军，第二年不仅卫冕成功，而且在欧冠赛场上也获得了久违的欧洲联赛冠军，再次登上了欧洲之巅，由此拉开了大国际时代的帷幕。

为什么穆里尼奥在出道短短几年内就能获得如此令人瞩目的成就呢？这一方面要得益于他高超的指挥艺术，更重要的是因为他精于球队管理，是一个天生的将帅型人才。

执教一支球队和统率团队一样，都需要卓越的领导能力，仅仅有出色的指挥艺术是远远不够的。尤其是对那些拥有众多球星的豪门球队来说，更是需要一位长于管理的教练。穆里尼奥曾经师从名帅博比·罗布森与范加尔，在那段时间里他不仅领悟到了足球技战术的精髓，更从这两位名帅身上学会了如何管理一支豪门球队。毫无疑问，这些经历对他日后的执教生涯里发挥了极其重要的作用。

可以肯定地说，作为二十来个来自不同国家和地区的球员的主教练，绝不是一个轻松的差事。要想让这些球队团结合作，拧成一股绳，充分发挥每个人的战术能力，这极大地考验着一名主帅的管理能力。有的主教练技战术水平扎实，但缺乏统率球队的能力，纵然有滔滔不绝的大道理，也难以取得优良的成绩。

在穆里尼奥多年的教练生涯中，不管是成功还是失败，他都能赢得球员们的厚爱。他懂得保护自己的球员、爱护自己的球员，把球员当作家人来看待。作为回报，他的球员们也无一例外地支持这位可敬的主教练，他们围绕在穆里尼奥的身边，为他立下了汗马功劳。

可以说，穆里尼奥是一个神话，因为我们不了解。可是，我们又要说，穆里尼奥不是一个神话，因为他已经奋斗了十几年。俗话说：罗马不是一天建成的。而我们要说，成功的将帅不是一天造就的。

学波波维奇用激进狂热带团队

带队能打胜仗，肯定是战略战术过硬。而在为人处世方面，波波维奇同样有着"硬"的一面：他喜欢与人争论，在球队中是绝对说一不二的角色。

对于 NBA 圣安东尼奥马刺队，很多篮球球迷是不陌生的，而说起执掌马刺队帅印的波波维奇更是无人不知。格雷格·波波维奇是塞尔维亚和克罗地亚裔美国篮球运动员，后转行做了教练。

在波波维奇的率领下，圣安东尼奥马刺队曾 4 次夺得 NBA 总冠军，他本人还曾在 2004~2005、2010~2011 和 2012~2013 三个赛季当选 NBA 西部全明星阵容主教练，成就相当辉煌。

波波维奇和马刺结缘是 1996~1997 赛季的事了。在那一赛季中，波波维奇执教64场，输了47场，马刺与季后赛无缘。但是在此之后，马刺队连续7年都进入了季后赛，而且年年都是西部冠军的有力竞争者。

值得一提的是，1999年，由于NBA常规赛缩水，只有50场比赛，这一次，波波维奇率马刺队首次登上总冠军的宝座。2003年，马刺队再次夺得总冠军，而波波维奇也被评为年度最佳教练。

整整8年的时间里，这个年过半百的教练，让他的队伍创下了建队以来的新的纪录，马刺队的成绩为296胜210负，季后赛53胜34负。这些成绩，和波波维奇都有着直接的关系。

带队能打胜仗，肯定是战略战术过硬。而在为人处世方面，波波维奇同样有着"硬"的一面：他喜欢与人争论，以至于球队中上至他的管理层，下至助教球员，都和波波维奇难以相处。

据说，波波维奇对于球员的态度是非常强硬的。不过，好在球员们都能够认同他，特别是拿下三座总冠军奖杯后，更让球员们心甘情愿地遵从于这位铁帅的指导。

有人士对波波维奇的性格进行过专门的研究，得出的结论为：他的家庭造就出的这一性格。波波维奇的母亲是塞尔维亚人，父亲是克罗地亚人，一位熟悉波波维奇的篮球界人士说："你甚至可以感觉到他内心两个民族不可调和的那种矛盾。"

虽然如此，但波波维奇的出发点始终是好的，一切为了球队是他工作的主旨。曾有人戏言：没有哪个球队会像马刺那样敢惹总裁大人不高兴，但马刺队却可以，而这并不仅仅因为他们是收视率杀手。在波波维奇看来，和自己在联盟中的名望相比，球队的发展、战绩和荣誉才是最重要的。

比如，联盟责任规划和处罚的副总裁杰克逊在没有通知马刺官方的情况下，就警告马刺队球员鲍文不要出黑脚，那么，波波维奇肯定会向联盟抗议；如果季后赛、系列赛之间马刺队休息的时间过短，波波维奇也会毫不犹豫地取消联盟规定的媒体访问，自愿交上罚款来让他的队员们不用在休息日赶来球馆。由此可看出，波波维奇是一个把球员当孩子一般疼爱的将帅，而他，真的像个心疼孩子和对孩子负责的父亲。

应该说，波波维奇和马刺，是一场完美的组合。一位篮球评论家曾这样说道："没有哪个教练比波波维奇和队员更有共鸣，也没有哪个教练比波波维奇和球队更团结。他们就像火和硫黄，相辅相成。"

如果说这个组合十分值得称道的话，那么他们双方还要感谢一个人——拉里·布朗，波波维奇的恩师，也是他在1989年将波波维奇带到了圣安东尼奥。

谁也没想到，16年后，作为徒弟的波波维奇能在总决赛中击败师父，并正式出师。现在，恐怕没有人对波波维奇的率队能力有半点的怀疑，他的每一个举动都会让所有球员感受到是出自对于他们的真正关心。

业内有人士表示，波波维奇在马刺队中，奠定了一种球队文化。这一文化的主题就是：只要是能够拿下总冠军，牺牲个人利益是无关紧要的。

波波维奇，就是这样一个充满人性关怀的教练，一个全身心投入到篮球及队员身上的教练，一支王朝球队的"舵手"，一个葡萄酒的狂热者，一个政治激进分子，就这样在NBA赛场上挥舞着自己的旗帜，在每个球员身上倾注着自己的心血。

学巴顿用勇敢无畏带团队

巴顿指出士兵个人应该具备的精神目标，那就是每个人都要在战斗中展现出一个真正男子汉的风采，勇敢无畏地去夺取战斗的胜利。

一说到"二战"时的战斗英雄，"巴顿"这个名字自然首先会跃入人们的脑海。可以说，在第二次世界大战的芸芸将星中，巴顿是十分璀璨耀眼的一个，他是美国的战争英雄，同时也是一个伟大的领袖。

巴顿素以勇猛凶悍出名，有着"血胆将军"之称，甚至被人们认为，他是一个为了取得战斗的胜利不惜牺牲士兵性命的将军。虽说这样的巴顿在人们看来，勇敢中存在鲁莽，有些有勇无谋的感觉，但实际上，对于部队的组织管理而言，他却有着自己的独到之处。即使以今天的眼光来看，也有值得管理者们学习之处。

下面，就根据巴顿的一篇战前演说来具体分析。

1.明确目标，让团队知道朝着什么方向前进

在现代管理工作中，常常是组织中的高层领导对团队使命和目标了如指掌，而作为执行者的基层成员却还是云里雾里。这样的一个团队，即便为实现目标而制定了天衣无缝的绝佳计划，也会由于执行层知其然而不知其所以然，出现执行偏差。

对于这一点，巴顿就掌握得很好。当他开始自己的演说时，就开宗明义，明确地说出了战斗的目的，即"保卫家乡和亲人""为了荣誉""真正的男子汉都喜欢打仗，既然参赛，就要赢"。

第一个目标算是物质层面的，打败纳粹，保家卫国。如果是一般的将帅，只提出这样一条，也算说得过去。但巴顿并没有仅限于此，接下来他又提出两个精神层面的目标。这又可以分为集体目标和个人目标两个方面。"为了荣誉"，显然是指美国军队的荣誉，在此之前，美国军队一直常胜不败。这显然是一个针对整个团队的精神目标，它需要每一个士兵来共同维护。另一方面，巴顿还指出了士兵个人应该具备的精神目标，那就是每个人都要在战斗中展现出一个真正男子汉的风采，勇敢无畏地去夺取战斗的胜利。毫无疑问，这样的话在进入士兵耳朵的同时，也深深触动了他们的内心，这就为巴顿的下一步行动奠定了基础。

2.动员激励，做好士兵们的思想工作

前面我们用一个章节的内容阐释过关于激励的重要性及方法，可以想见，激励在团队管理中有着多么重要的作用。

那么，巴顿在这一点上是怎么做的呢？

首先，巴顿要让士兵们消除对战斗的恐惧感，他这样对士兵们说道："不要怕死。每个人终究都会死。没错，第一次上战场，每个人都会胆怯。如果有人说他不害怕，那是撒谎。你们不会全部牺牲。每次战斗下来，你们当中只可能牺牲百分之二。真正的英雄，是即使胆怯也照样勇敢作战的男子汉。有的战士在火线上不到一分钟，便会克服恐惧。""大家要记住，敌人和你们一样害怕，很可能更害怕。"

巴顿并没有回避战争会带来死亡，也明确指出每个上战场的人都会胆怯，但巴顿同时还告诉大家，实际的死亡率并不高，而关键的是，那些会让我们害怕的敌人同样也会害怕我们。这种实事求是、毫无隐瞒的话，让士兵们瞬间缓解甚至消除了巨大的恐惧心理。

至此，并没有结束。巴顿接下来又为士兵们描述了一个美好的愿景。他说："凯旋回家后，今天在座的弟兄们都会获得一种值得夸耀的资格。20年后，你会庆幸自己参加了此次世界大战。到那时，当你在壁炉边，孙子坐在你的膝盖上，问你：'爷爷，你在第二次世界大战时干什么呢？'你不用尴尬地干咳一声，把孙子移到另一个膝盖上，吞吞吐吐地说：'啊……爷爷我当时在路易斯安那铲粪。'与此相反，弟兄们，你可以直盯着他的眼睛，理直气壮地说：'孙子，爷爷我当年在第三集团军和那个狗娘养的乔治·巴顿并肩作战！'"

这样的一番话，不但让士兵们消除了对死亡的恐惧，而且因为"20年后的生活"而让他们精神百倍、勇往直前。

3.合理分工，强调组织内的分工合作

如果说前面两点是激发斗志的话，那么接下来就要安排执行了。而执行离不开团队成员之间的合作。巴顿对此是很明白的。他很清楚，要想实现团队的目标，一定需要每个成员的努力，仅靠一个人肯定是不行的。因此，他这样对士兵们说："在我们的军队中，每一个战士都扮演一个重要角色。所以，任何人都不要吊儿郎当，不要以为自己的任务无足轻重。我们每个人都有自己的任务，而且必须要把任务完成好。"

这段话将士兵们高昂的精神头落实到具体的责任上来，使士兵们能够带着饱满的精神状态和坚决负责到底的信心投入到战斗中去。这样的团队，怎么能轻易失败呢？

4.放低姿态，拉近和士兵的距离

关于这一点，我们在前面的内容中也曾提到。巴顿在这方面的做法同样值得学习和借鉴。他深知士兵的心理，在演讲中，巴顿用"狗娘养的乔治·巴

顿"提到自己，而正是这种不顾及身为将军尊严的做法，让士兵们看不出他高高在上的架子。正是这样的低姿态，使士兵们从心理上感受到巴顿将军是和他们永远站在一起的，从而会义无反顾地支持将军的领导，也激励着他们不断前进。

应该说，"血胆将军"巴顿的做法体现了团队管理的精髓所在。当今的将帅们，如果也想在激烈的市场竞争中克敌制胜的话，不妨好好地借鉴、学习。

第15讲　欲使兼济天下，必先宽和包容
——管理者懂平衡方能赢和谐

> 为将帅者必须具备宽广的气度和胸怀，能够包容性格不同、背景相异的团队成员，这样才能协调好团队成员之间的关系，营造一个和谐的团队氛围，进而打造一支优秀的团队。

五种方法帮你协调好团队

加强团队合作能力不是喊口号，而需要管理者通过各种途径促进团队成员之间的协调，学会调动每个成员的积极性，最终形成一股合力，拧成团队合作的绳。

很多招聘启事上都会注明"要求具备很强的团队协调能力"。即使是招聘一个普通的员工，这一点也不可或缺，而作为管理者，团队协调能力就更需重视了。

但现实中我们发现，并不是所有的管理者都懂得怎样来协调自己的团队，不少将帅会冲着员工们喊出响亮的口号："我们一定要加强团队合作，要讲奉献，要上下拧成一股绳，我们的工作就会无往而不胜！"

这样的口号在一定程度上会唤起下属的士气，但往往三分钟热度过后，口号的效力就会减弱甚至消失了。这也是令很多将帅颇为头痛的一个问题。为此，大家琢磨着，能否有一套可行的方法，能够更有力、更长久地促进团队协调发展呢？

在回答这个问题之前，我们先来指出管理者需要面对的一些关系和问题。作为管理者，常要处理好方方面面的关系，如凝聚班子成员的团结关系、加强沟通管理者与员工关系、原则面前的亲属关系、相互交流的友邻关系等。

面对如此之多的关系，就需要将帅们多动一番脑筋，多想一些思路了。它不仅需要良好的政治素质、品格素质、知识素质和能力素质，而且还要讲究具体的方式、方法。在此，我们就来看一看有哪些方式和方法值得我们借鉴和学习。

1. 要确立清晰的思路

将帅首先是一个指挥官，需要组织协调团队中的每一件事情。而要把这些事情做好，就要根据其内容和具体要求，把握住基本点，制定周密细致的组织协调计划，确立清晰的思路，并把协调过程中可能遇到的问题和对策考虑周全。要实现这一点，可以从下面四点进行着手。

首先，坚持实事求是、求真务实的原则。作为将帅，只有坚持这一项原则，才能真正体现其扎实的工作作风，同时促进各方面的积极配合，形成科学合理的协调思路。

其次，要善于并敢于开拓新思路、新观念。只有在团队工作中，具备新的思路、新的思想，才能使下属乃至整个团队在发展的同时，不断创新。这就要求管理者不能自以为工作经验丰富，就单纯地凭老经验办事；更不能因为自己是带兵打仗的头儿，就主观武断，听不进下属们的不同意见。

再者，管理者要有明确的观点。如果在做一件事情之前，没有明确观点，就会抓不住主要矛盾，也就无法准确把握各方的实际情况和实际需要。只有观点明确，才能针对团队成员各自从事工作的不同、所处环境的不同以及存在的问题和矛盾，进行认真细致的研究。

最后，必须做到心中有数。如果一个领导脑袋里"一锅粥"，那么他所带领的团队也必然是盲目被动地工作，结果可想而知。要做到心中有数，就需要管理者能够全方位、多角度地观察问题，承认个体之间的差异，照顾下属们的个性，来具体情况具体分析。当心中有了底，整个团队工作才会有条不紊、忙而不乱，呈现出为将帅者最希望看到的景象。

2.要投入真挚的感情

人都是有感情的动物，情感是人对客观事物的一种态度。带兵打仗，只凭声嘶力竭的吆喝显然不行，如果管理者能将个人的真挚感情渗透进去，自然会给下属们树立榜样，并能让他们感觉到春意融融，即使难以攻克的问题也会全力以赴争取胜利。

要做到这一点，就需要将帅们把握好以下几个方面：讲起话来不能轻描淡写，让听的人无动于衷；任何一次交流都不能敷衍了事，使听者不为所动；在沟通过程中，不能态度蛮横，使听者产生反感情绪。正如唐代诗人白居易所说："感人心者，莫先乎情。"管理工作如果做到以情感人的程度，那么其成效也将十分显著。

3.要具有宽广的胸怀

这一点在前面的章节中有较为详尽的描述，在此只做简略阐释。

不可否认，每个将帅都会遇到不被人理解，听到这样或者那样的议论的时候。遇到这样的问题怎么办？首先，千万不要着急上火，而要沉着冷静地面对别人，认真听取对方的意见。如果对方意见正确或者有正确的部分，就要及时采纳，这样才会使自己的组织协调计划更加完善；倘若下属的意见不正确，管理者也要保持正确的态度，有理、有据、有节地进行批驳。除此之外，还要让自己做到心地坦诚，去除私心杂念，坦诚地对待下属，进而与之达成一致意见，保证公开、公平、公正地处理好各种矛盾。

总之"海纳百川，有容乃大"。为将帅者必须具备宽广的气度和胸怀，否则将难以使工作进展和团队建设达到预期效果。

4.要把握好原则界限

如果把问题比作"心锁"，那么原则就是开启它的"金钥匙"。只有原则把握得好，各种矛盾和问题才会迎刃而解。否则，不但旧的矛盾和问题解决不了，反而会增加新的矛盾和问题。因此，这就要求管理者要立足于下属的实际情况，把握好原则界限，把工作做扎实。

怎么做到这一点呢？无外乎以下几个方面：把握正确方向，不偏离原则规定，要在制度规定的范围之内解决问题，一切从实际出发，坚持以事实为根据。只有做到这几点，才能使整个团队弥漫着互相信任、理解和支持的气氛。

5.要讲究语言的艺术

说话永远是一门艺术，职场中就更是如此。俗话说："良言一句三冬暖，恶语伤人六月寒。"所以，管理者一定要讲究语言艺术。艺术，就是说话讲技巧，讲分寸，让人听着顺心入耳，容易接受。这就要求将帅们在协调团队的工作中，出语一定要谨慎，不能伤害下属的感情。此外，还可以尽可能地让语言更生动、更幽默、更富有趣味性和感染力，这样下属们自然会在欢乐的气氛中与领导达成共识。既如此，何乐而不为呢？

打造以人为本的和谐团队

为将帅者一定要树立榜样，同时注重培养下属之间相互了解和包容的精神，让团队中的每个成员都懂得换位思考，体谅对方。

一条河流的水再清澈、深广，如果不能汇入大海，终会有干涸的一天；一个人的力量再强大，如果只是单枪匹马，也将以成就理想的事业。真正的成功来自和谐的团队。只有团队中的各个成员团结起来，心往一处想，劲儿往一处使，才能产生巨大的力量和智慧，最终走向胜利。

身为团队头领的将帅，则是这一"和谐"战舰的舵手，把握着整个团队前进的方向；同时，作为带头人、指挥者，将帅们有必要让团队中的每个成员充分认识到：离开了团队，自己将一事无成；有了团队合作，他可以同别人共同创造奇迹。说到底，只有和谐的团队才会拧成一股很大的力量，才会推动团队的建设和发展，才会创造出最大的利益。

本书中，我们曾不止一次提到闻名于世的松下公司。在谈到本节主题的时候，我们依然要以松下公司为例。松下就是一个讲求和谐团队的公司。

一直以来，松下在员工的任用方面十分严格，其中必不可少的一点就是一定要具备和谐精神，能够将自己融入团队，和团队协同作战。因为松下认为，将众多高智商的人才聚拢到一起，不见得就一定能使工作顺利开展，而只有分工合作、精于搭配、齐心协力，才能产生辉煌的战绩。

因此，在用人方面，松下公司注重员工之间的相互配合，公司管理层认为，只有这样才能发挥每个人的聪明才智。可是，进一步分析之后，每个人都有长处和短处，所以要取长补短，就要在分工合作时，考虑个人的优缺点，切磋鼓励，同心协力地谋求工作的良好进展。

毋庸置疑，人事协调说起来容易，但做起来难。针对这一点，松下认为不一定每个职位都要选择精明能干的人来担任。在他们看来，如果把几个一流的人才集中到一起，那么每个人都有会觉得自己的主张好、想法对，这样就会有多种意见，计划必将无法推动，行动自然也就会迟缓，势必严重影响到整体的工作。不过，如果几个人里头有一个特别优秀的，其他的人才识平凡，那么这些人就会心悦诚服地遵从那一位有才智的管理者，事情也就能够顺利进行了。

所以，从一开始的招聘起，松下就不但要看应聘者的才能有多优秀，更看重其是否有良好的团队合作精神。也正是因此，使松下公司取得了如今令人称赞的巨大成就。

松下之所以在这些方面做出努力，因为公司知道，要构建和谐团队，提高效率，并不是一个团队的事。团队是由一个一个的人组成，要提高整个团队的合作精神，就要从让员工个人有和谐精神做起。

要实现这一点，自然离不开团队领导的思考和行动。具体来讲，将帅们应主要从以下几个方面着手，打造一个和谐共融的团队。

1. 坚持以人为本

以人为本是和谐的核心内容。换言之，以人为本，绝非指满足某个人的私欲，也不是允许个人行为可以对整体的团队形象造成任何破坏，更不是放任个人利益集团对整体团队利益进行损害。也就是说，以人为本的管理工作，要以团队成员的"合理需要"为出发点，以团队中多数成员的利益为重心，从每个成员的"合理需要"出发，最终落脚于人的"合理需要"和团队利益。

作为将帅，能够关心下属、爱护下属、尊重下属是以人为本的有力体现。在面临工作中的分歧时，能够换位思考是关心；当发现下属的某些不足之处时给予真诚的诚帮助是爱护；对待工作成绩时，能够公正地评价则是尊重。

只有在这样的氛围中，每个员工的进取精神才会被最大化地激发出来，进而各尽所能，各展所长。

2. 和谐离不开发展

和谐最根本的目的还是发展，如果一个团队中各个成员之间彼此猜忌，貌合神离，必定会阻碍事业的发展，也谈不上和谐。如果一个团队只图谋发展，而忽略了和谐的重要性，那么发展就只能是暂时的，不会长久下去。而只有不断地发展，才能促进和谐，只有形成和谐，才能带动发展。

不仅如此，和谐团队的构建还是一个不断化解矛盾的过程。因为和谐不是天生的，它是在个性差异、价值观不同、能力有别的众多人的基础上，慢慢建立起来的。在这种相互了解和彼此包容的基础上，合作中的分歧不会演变为矛盾，团队成员之间会以宽容、体谅来弥补双方的不足，和谐也因此而生了。

所以，为将帅者一定要树立榜样，同时注重培养下属这种相互了解和包容的精神，让团队中的每个成员都懂得换位思考，体谅对方。若如此，每个团队成员就会充分意识到集体力量的强大，也会看到自己在团队中的重要作用。当你的团队成员都形成了这样一个好的心态和精神，就不愁建设不出和谐的团队来了。

一视同仁，端平"员工"这碗水

管理者必须有一颗平等之心，做到一碗水端平，对所有员工一视同仁。这样，员工才会尊重和信任你，才会更积极地投入到工作中，为团队持续向前发展尽心尽力。

曾看到过这样一幅漫画：一位领导模样的人站在一个并不平稳的木板上，手里端着一碗水，碗的前面写着"管理"二字。

漫画虽然简单，但却向我们展示了一种管理的智慧，即要一碗水端平。如果管理者做不到这一点，将重心倒向某一端，那么碗中的水就会不断地流失，最后空空如也。这碗中的水就好比团队中的成员，管理者如果不能一视同仁、不公正、不平等，就不能服众，下属的工作积极性和主动性也会逐渐减弱，导致整个团队人心涣散，工作进展不力。

在现实生活中，做不到一碗水端不平的管理者并不鲜见。在他们心里，下属是有高低优劣之分的，于是他们把下属划分为"上下级"：那些他们心中的所谓"上级"员工，他们对其非常信任，视其为心腹，而对"下级"员工则冷眼相待，处处防范；经常给上级员工特殊照顾，有求必应，而对下级员工则不冷不热、不闻不问，甚至故意找茬儿。

另外，还有一种端不平一碗水的将帅，他们管理不公平的表现就是男女有别，即对男女下属的管理不一致。他们觉得女性的事业心小，只希望工作舒适稳定。于是，他们很少关心女员工的职业发展需求，也极少给她们锻炼机会，升职加薪更是无从谈起。而对男员工则截然不同，他们会将有挑战性、锻炼性的机会留给男员工，以便让其快速成长，成为公司的中流砥柱。

如果管理者不能一碗水端平，就会打击下属的工作积极性，继而产生内耗，造成员工之间的不团结，最终影响公司的发展。

小贾在一家汽车4S店做销售员，由于工作能力很强，他每个月的业绩都比别人高出很多，销售经理非常欣赏他。但凡有什么好事，经理都会算上他一份，他偶尔犯点错误，经理也睁一只眼闭一只眼。

经理的本意是鼓励大家向他学习，以提升部门的整体业绩。但事与愿违，其他业务员觉得经理偏心眼，眼中只有小贾一个人，他们越来越消极，一点工作激情都没有。而能干的小贾也恃宠而骄，仗着经理的偏爱，经常迟到早退，还时常炫耀经理与他的特殊关系。时间一长，销售部的业绩一落千丈。

显然，小贾的经理犯了一碗水端不平的大忌。这样做看似"合情"，但由于不"合理"而难免触犯众怒。要知道，团队不是凭一两个人就能建设好的，如果没有其他人的共同努力，最终必然会导致人心涣散、分崩离析。

美国NBA的一位教练在训练运动员时，都会说这样一句话："我不能要求大家千人一面，但我们要遵循同样的准则。"一碗水端平，是将帅们处理与下属关系的重要管理原则，也是赢得下属信任的有效途径。当下属发现自己的领导平等地对待每一位下属时，他的心情就会非常舒畅，会斗志昂扬地投入到工作中来。

在这一点上，以生产手机享誉全球的摩托罗拉公司就做得不错，其管理者非常了解平等对于员工的意义，他们的最大管理特点就是创造一种公正的竞争氛围，让员工放手去干。如果员工之间出现矛盾，他们也会本着公平的原则处理问题，圆满地化解争端。

在创业初期，摩托罗拉公司实际上是网罗了一些爱好无线电的人聚集在一起研究电子产品，所以公司并不太正规，员工们连正式的岗位都没有。这时，一个叫利尔的工程师加入了公司，他在大学学过无线电工程，是一个难得的人才，这让那些老员工感到了一种威胁，他们时不时地找利尔麻烦，故意出各种难题刁难他。更过分的是，当摩托罗拉的创始人保罗·高尔文外出谈生意时，一个员工找了个蹩脚的借口，将利尔辞退了。

当高尔文回来得知此事之后，便将那个员工狠狠地批评了一顿，然后又马上找到利尔，重新高薪聘请他。高尔文对大家说："无论是利尔这样的高端专业人才，还是你们这样的业余爱好者，我都会一视同仁，不会因为学历或其他原因而偏向任何一个人。"老员工听后，都为自己先前的行为感到羞愧。从那以后，他们和利尔通力合作，为公司作出了巨大的贡献。

公司逐渐发展起来以后，一些个性鲜明的人纷纷进入摩托罗拉工作。不同性格的人在一起，争执是不可避免的，他们不时因为工作上的分歧发生争吵，各不相让。后来高尔文以他公平处理问题的方法，化解了他们的矛盾，使他们在面对各种工作时，能够和平地解决问题，然后团结一致地完成工作。

虽然看上去将"一碗水端平"很容易，但实际做起来，却并非那么简单。因此，我们建议将帅们，可以从下面两点着手，尽量让自己做到一视同仁：

1.不要心存偏见，也不要对人另眼相待

从本质上说，这两个问题是相互依存的，凡是对一些下属有偏见的将帅，对另一些下属必然会另眼相待。而这两点，都是有弊无利的。

如果将帅对出色的下属另眼相待，对平庸的下属心存偏见，就会造成不良结果：被另眼相待的下属和被偏见的下属之间有了差距和隔阂，后者非但不会向前者学习，反而会因为忌妒、憎恨、不满而消极颓废。后者会产生这样的想法："既然领导这么偏向他，觉得他了不起，那就让他去做所有的工作，我们才不白费工夫呢！"

对于表现出色的下属，为将帅者理应表扬。但是，该表扬的时候表扬，该奖励的时候奖励，平时还是应该与其他员工一视同仁的。也就是说，他因为工作出色而得到了他应该得到的东西，其他方面还是同别人一样。别人如果像他一样优秀，也可以赢得同样的表扬和奖励。这样的管理方式强调的是工作能力，突显的是平等。

2.摒弃私心，不偏袒亲人朋友

真正智慧的将帅并不是任人唯亲，而是唯才是用，他们从不借助自己的权力为亲人朋友谋取好位置，而是让他们接受锻炼，凭借自己的能力，去争取自己想要的职位。

以静制动，择机而动

在时机不成熟，或者不宜主动处理的情况下，精明的将帅大多会采取冷处理的手段，由此达到"以静制动"的效果。

有句俗话："林子大了，什么鸟都有。"话虽然俗了点，但道理却是不容置疑的。一个团队中，成员们个性不尽相同，有爽快利落的，有斤斤计较的；有含蓄内敛的，有开朗大方的，可以说，性格多种多样，个性迥异。

因此，在相处和共事的过程中难免发生矛盾，如果矛盾得不到及时化解，久而久之，就有可能发生冲突，影响到正常的工作。想要成为一个合格的将帅型人才，就要在处理这些难题上下点功夫了。

职场专家建议，在时机不成熟，或者不宜主动处理的情况下，精明的将帅大多会采取冷处理的手段，由此达到"以静制动"的效果。冷处理并非是不处理，而是根据情况而变，选择时机而动，恰到好处而止。

我们来看一个案例：

陈实在一家地产公司担任设计部经理。一次，他的两位下属因方案冲突而产生了矛盾，"官司"打到了经理办公室。陈实没有急着听他们各自的"道理"，而是请他们坐下，亲自给他们倒了茶，请他们喝完茶先回去，然后分别接见。

随后，两个人先后单独来到经理办公室，结果自然是"公说公有理，婆说婆有理"，两人的方案虽说不同，但各有各的道理。不过陈实已经把事情的原委弄清楚了。陈实没有说谁是谁非，只是温和地对他们说："事情我已经清楚了，你们完全没有必要吵得这么凶嘛，你们因为设计方案吵了起来，但是出发点是一样的，都是为公司的利益着想，所以不存在根本的冲突。回去以后再好好想一想，互相取长补短，争取合作出一个更好的方案！"

经理这样一说，两个设计师也只好点点头，顺着台阶下了。经过几天的冷静思考之后，两位设计师都有所收敛，互相给对方道了歉，开始一起研究新方案，最终他们想出了两全其美的解决办法。彼此之间的争执也烟消云散。

可见，故事中的经理陈实此法甚妙，在下属争得热火朝天的时候，自己不去评判谁对谁错，而是先让他们缓一缓，"冷却"一下，这样自己就能搞清楚真实的情况，这时候再提一些有利于双方合作的建议，下属自然乐于接受了，而对工作本身也会更为有利。

当然，冷处理下属矛盾的方法有很多，将帅们完全可以从实际出发，根据具体情况具体分析，有针对性、随机性地使用。

营造良好的团队氛围

作为团队带头人，将帅们只有为团队营造上下一心、积极进取的良好氛围，才能带领团队一步一步走向理想的巅峰。

通常来讲，在自己的岗位上常感到不快乐的人，工作中也难有好的表现，常出现诸如态度不够积极、工作拖拖拉拉，甚至弃工作而逃的情况。不用问，哪个领导也不愿意自己有这样的下属，别说三个五个，即便有一个也够自己头痛的。

可是，话说回来，但凡走上工作岗位，绝大多数人还是一心向好的，希望通过工作实现自己的职业理想，最少也希望获得一定的报酬，满足自己的生活需要。而那又为什么会出现我们上面所述的这样的员工呢？究其根源，很大程度上和工作氛围有关。而工作氛围的建立，离不开团队头领——将帅们的管理方法和管理技巧。

有着"日本福特"之称的本田宗一郎是农民出身，如今，他却拥有号称"日本第三"的汽车公司。为什么本田会取得如此之大的成就呢？上下一心，同甘共苦的团队氛围——这就是本田宗一郎成功的秘诀。

同其他汽车工厂一样，本田公司的工厂也是全自动化生产，在设备和生产方式上，并没有什么过人之处，但是本田的整个团队却始终士气旺盛。

本田的每一个员工，都有高度的责任感，而且个个勤奋好学。在这种负责任的心态和不断努力的作用下，本田的产品得以不断改进。因此有人士评论，能让每一个员工都能发挥最大积极性，这就是本田的最大资产。

作为本田公司的统帅——本田宗一郎坚持"公司由全体人员共同经营"的原则，这其中当然包括所有装配线上的员工在内。本田说："人不是机器，要是一个企业把人和自动化机器置于同等的地位，那么这个企业是不会维持长久的。"

本着这样的理念，本田宗一郎一直不给自己搞特殊化，在工厂里吃的、穿的都和员工们一样，作风也平易近人。为此，员工们都亲切地称呼他"老爹"。

看了这个案例，或许有人会觉得这样的统帅太会"演戏"，可是不要忘了，只有将感情融入角色的"演员"才能真正地把戏演好。从这一点上讲，本田宗一郎是不是确实胜人一筹呢？

其实，作为团队带头人，将帅们只有像本田宗一郎这样，为团队营造上下一心、积极进取的良好氛围，才能带领团队一步一步走向理想的巅峰。

如果下属能从领导这里感受到认同感，体会到成就感，获得满意的物质报酬，并且拥有强烈的安全感，那么他们就会有强烈的工作动力。

看到这里，或许你会说，这也正是我期待的局面呀。如果是这样，那么就请继续往下看，一些具体的做法将呈现在你的面前，使你成为一个为团队营造良好氛围、能够打造出一支活力团队的英武将帅。

1. 让下属做他喜欢的工作

为将帅者需要记住这一点，下属和你一样，在他们自己最喜欢的工作上，才能创造更高的效率。所以，对于下属负责的各项内容，要定期审查，让层次不同的各级下属自己来做决策，以赋予他们责任。如果效果良好，可以大胆扩大他们的职权。但是需要提醒的是，对所有分配出去的工作，你必须要求他能承担起工作的责任。

2. 尽可能提供最适宜的工作环境

当我们去某个美丽的旅游景点时，往往会情不自禁地感慨景色的优美。同样，下属若能在较好的工作环境中工作，也会心情舒畅。所以，在自己的权力范围内，管理者有必要舍得投资，为下属提供最先进的现代化设备，为他们提供完善的人文环境和方便的交通设施，等等。

3. 目标管理

这一点在前面的章节中有比较详细的论述，在此简略提一下。作为将帅，应制定一个能够测量的标准，给你的下属一个明确的目标，比如，楼盘销售经理要告诉你的下属："秋季你这个小组每个月的销售目标是20栋楼房，"而不要模糊地说："伙伴们，拿出你们的热情，让我们在秋季创造辉煌的战绩吧！"

4. 对每个下属所作的贡献要做好评量

有的管理者认为这一点难以实现，因为有的下属的工作内容无法评量。其实不然，你可以查阅一下他们的工作表，或者设想一下如果没有他，你会怎么需要他。

我们建议，管理者可以利用数据帮助下属评定他们自己的工作表现。比如，让你的下属知道，他每天制造了多少部机器的发动机，或者他每天为多少个客户理发了。不仅如此，做出数据来之后，还要在整个部门里公开。这样对下属本身是一种激励，对其他的下属同样也是一个激励。

5. 永远不要承诺你做不到的事

一个管理者，如果向下属许诺的奖励最终都无法实行，那么比当初没提出奖励还要糟糕，这对下属而言是不公平的。所以，任何一个管理者，不要让你的团队由于你承诺一趟巴黎之旅而工作至深夜，不要让你的下属由于你的"6位数奖金"而加班加点，除非你已经事先得到老板的同意。

6.千万不要让你的下属感到自己不中用

如果下属面对的是一个动不动就发脾气的领导，下属自然会心惊胆战，做起事来畏首畏尾，而且还容易犯错。当然，随着时代的进步，凶悍的管理作风由于容易造成很大伤害，已经日渐淘汰了。此外，管理者还要认识到安全感对于下属的重要性。这里所说的安全感，并不意味着你要提供一张长期饭票的保证，没有任何公司能测知遥远的未来，不过也绝对不要伤害你的下属。如果发生了坏情况，要及时把这些消息告诉下属，并指导他们寻找应变的方法以化解情势，然后趁机训练并加以鞭策。

7.不要把下属看作你的"私有资产"

有的将帅很喜欢摆谱，觉得自己高高在上，下属的命运掌握在自己的手里，自己就有权力对他们呔来喝去。岂不知这样做，只会引起员工的不满，到头来纷纷离职，领导就不好收场了。所以，千万不要把下属看作自己的"私有资产"，除非迫不得已，否则不要强迫他们下班后还要留下来加班，或要求他们周末必须来加班。要知道，每个人除了工作，还都有各自的生活。与其把下属拴在电脑前，不如想办法培养他们更高的能力和更高的工作效率，那么加班自然会变少，甚至没有。